Zones écon

Mehri Vokhidova

Zones économiques spéciales et commerce international

ScienciaScripts

Imprint

Any brand names and product names mentioned in this book are subject to trademark, brand or patent protection and are trademarks or registered trademarks of their respective holders. The use of brand names, product names, common names, trade names, product descriptions etc. even without a particular marking in this work is in no way to be construed to mean that such names may be regarded as unrestricted in respect of trademark and brand protection legislation and could thus be used by anyone.

Cover image: www.ingimage.com

This book is a translation from the original published under ISBN 978-620-2-67712-7.

Publisher:
Sciencia Scripts
is a trademark of
International Book Market Service Ltd., member of OmniScriptum Publishing Group
17 Meldrum Street, Beau Bassin 71504, Mauritius
Printed at: see last page
ISBN: 978-620-2-62901-0

Copyright © Mehri Vokhidova
Copyright © 2020 International Book Market Service Ltd., member of OmniScriptum Publishing Group

Vokhidova Mehri Khasanovna

Zones économiques spéciales et commerce international (sur l'exemple de l'Ouzbékistan)

Numéro Orcid : https://orcid.org/0000-0003-0809-0269

Table des matières

- INTRODUCTION ... 3
- LES BASES INSTITUTIONNELLES DES ZONES FRANCHES EN OUZBÉKISTAN ... 5
- NOUVELLE LÉGISLATION DES RÉGIONS ÉCONOMIQUES SPÉCIALES EN OUZBÉKISTAN ... 16
- ORIENTATIONS POUR L'AMÉLIORATION DES INFRASTRUCTURES DANS LES ZONES FRANCHES D'OUZBÉKISTAN ... 21
- DÉVELOPPEMENT DES RELATIONS COMMERCIALES ET ÉCONOMIQUES TRANSFRONTALIÈRES EN ASIE CENTRALE : DÉFIS ET SOLUTIONS ... 32
- FEZ TRANSFRONTALIÈRE ... 44
- IMPACT DE L'ADHÉSION À L'OMC SUR LES ZONES ÉCONOMIQUES SPÉCIALES .. 49
- CONCLUSIONS ET SUGGESTIONS ... 59
- RÉFÉRENCES ... 61

INTRODUCTION

L'un des facteurs importants de la compétitivité des pays dans l'économie mondiale est leur ouverture à l'environnement extérieur, l'absence de barrières aux échanges et aux relations économiques.

La seconde moitié du XXe siècle est caractérisée par une période où les pays ont des indicateurs progressifs d'activité économique étrangère ouverte. Les zones économiques franches, qui combinent un climat d'investissement actif, un développement innovant et un libre-échange sans barrières, jouent un rôle important dans ces indicateurs progressifs.

Au XXIe siècle, quelle que soit l'économie du monde que nous regardons, nous voyons l'existence de régions dont les régimes économiques, politiques et juridiques sont libres par l'État - les zones franches. C'est pourquoi nous constatons aujourd'hui que leur nombre dans l'économie mondiale a dépassé les 2 000. Parmi elles se trouvent les ZES établies dans notre pays. En 2008-2016, seules 3 zones franches ont été établies dans le pays. Sur la base du décret n° PF-4931 du 12 janvier 2017 "Sur l'établissement des zones franches" Kokand "et" Hazarasp "et dans le court laps de temps suivant, leur nombre a été porté à 22. Aujourd'hui, il existe 10 zones franches de production, 8 zones pharmaceutiques, 1 zone franche dans le pays dans le domaine du tourisme, de la pêche et du développement agro-industriel, de l'innovation.

Mais nous ne pouvons pas dire qu'ils peuvent tous satisfaire pleinement aux normes mondiales.

Y compris :

- Les infrastructures de transport, de logistique et de financement insatisfaisantes dans les ZES opérant dans le pays provoquent le mécontentement des investisseurs ;

- L'inconvénient de l'emplacement des zones franches, c'est-à-dire que la plupart d'entre elles sont industrialisées et ne sont pas situées à proximité des grandes villes ;

- Absence de valeur élevée des avantages fiscaux et autres préférences dans les régions ;
- L'accomplissement des tâches complexes du FEZ de notre pays, leur manque de spécialisation dans un réseau séparé ;
- Création de zones presque dépourvues d'infrastructures en tant que ZFE ;
- Manque d'infrastructure financière et de financement par l'État du budget des ZES, manque de partenariat public-privé dans le financement du budget des ZES.

Mais les problèmes ci-dessus ne disparaissent pas d'eux-mêmes. Nous pensons que la création de zones franches, l'étude et l'analyse approfondies des domaines dans lesquels l'État soutient les infrastructures dans ces zones seront un facteur important dans la recherche de solutions à ces problèmes.

En outre, la création de zones économiques franches jouera un rôle important dans l'augmentation du potentiel de commerce extérieur du pays. L'adhésion de pays, dont l'Ouzbékistan, à l'OMC ne devrait pas nuire aux zones franches et, inversement, leur potentiel de commerce extérieur devrait augmenter.

Cette monographie est pertinente car elle explore la nécessité de développer les relations commerciales et économiques avec l'Asie centrale par le biais des zones économiques spéciales de l'Ouzbékistan, ainsi que de promouvoir les intérêts des zones économiques spéciales dans le cadre du processus d'adhésion à l'OMC.

LES BASES INSTITUTIONNELLES DES ZONES FRANCHES EN OUZBÉKISTAN

D'ici 2020, le nombre de zones franches opérant en Ouzbékistan atteindra 22. Les zones économiques franches sont des zones qui poursuivent des politiques fiscales, douanières et d'investissement distinctes du pays et sont créées afin d'accroître l'attrait du pays pour les investissements, son potentiel d'exportation et de maximiser l'emploi.

Des zones franches sont créées dans notre pays afin d'augmenter la capacité de production du pays, d'améliorer la production de produits destinés à l'exportation et l'infrastructure de production grâce à l'investissement direct étranger.

Bien que des zones franches fonctionnent en Ouzbékistan depuis 2009, il n'existe toujours pas de base unique pour leur fondement théorique et méthodologique, leur classification, leur dénomination, les types de zones franches et les avantages qu'elles procurent.

Par exemple :

- La ZES "Jizzakh" est appelée zone industrielle spéciale, quelle que soit l'étendue de ses fonctions et de ses orientations, et la ZES "Gijduvan" est appelée zone économique libre, malgré la petite taille de la zone.

- Le décret du Président de l'Ouzbékistan du 26 octobre 2016 "Sur les mesures supplémentaires pour activer et étendre les activités des zones franches" a unifié les avantages fournis aux zones franches pour toutes les zones.

- Les mêmes privilèges ont été accordés dans le cadre des deux concepts de zones économiques franches et de petites zones industrielles.

- L'octroi du statut de participant de la zone économique franche de Navoi aux entreprises qui mettent en œuvre des programmes d'investissement pour l'établissement d'industries innovantes, de haute technologie, orientées vers l'exportation et de substitution à l'importation dans les limites de la région de Navoi, avec le placement compact de la production dans des infrastructures existantes ou légères dans la zone, fait également ressortir la pertinence d'une couverture méthodologique plus large de ce sujet.

C'est pourquoi, dans l'étude suivante, des conclusions théoriques sont tirées sur le rôle des zones franches économiques, sur la base de leur classification et de leur dénomination.

L'objectif de l'étude est de proposer une approche unifiée de l'organisation, de la coordination et du contrôle des zones franches en Ouzbékistan et de faire des recommandations pour une application pratique.

Les méthodes d'abstraction, d'analyse et de synthèse scientifiques ont été utilisées efficacement au cours de la recherche.

En particulier, dans l'étude des activités institutionnelles du FEZ, les recherches des scientifiques travaillant dans ce domaine ont été étudiées et analysées en utilisant la méthode de l'abstraction scientifique.

Les documents de recherche sur le thème de la recherche se trouvent dans des articles scientifiques internationaux.

En particulier, Nararuk Bunyanam cite l'analyse selon laquelle le gouvernement thaïlandais a introduit des zones économiques agricoles (ZEA) pour réduire les risques pour les agriculteurs en raison des changements dans les prix des cultures et de l'augmentation des rendements, mais avec un succès limité en raison d'une mauvaise réglementation du cadre juridique dans la zone. [3]

L'étude analyse la principale raison de l'échec du programme FEZ en Thaïlande, en citant les facteurs qui ont influencé la décision des propriétaires de terres agricoles d'allouer l'agriculture à différentes cultures.

Les données obtenues montrent que les agriculteurs ne considèrent pas les caractéristiques physiques et écologiques de leurs terres arables comme une priorité lorsqu'ils décident de la répartition de l'utilisation agricole. L'objectif principal est d'augmenter les bénéfices financiers.

Par conséquent, le gouvernement devrait reconsidérer le programme FEZ afin d'éviter la perte des dépenses du budget de l'État pour ce programme.

L'étude de Sergei Sosnovskikh examine le processus de développement et de mise en œuvre des zones économiques spéciales et des parcs industriels en Russie. Généralement, les gouvernements utilisent les politiques de zones franches pour développer et diversifier les exportations, créer des emplois et partager les technologies. Le concept de grappe industrielle est basé sur l'importance de la concurrence et du réseau de fournisseurs au sein de la grappe, la combinaison des caractéristiques géographiques et des politiques publiques qui mènent à l'innovation et à la croissance de la production. Cette étude montre que l'approche du gouvernement pour développer ces initiatives en Russie entrave sérieusement l'activité entrepreneuriale et freine le comportement compétitif et coopératif vital des entreprises dans ces zones économiques. [4]

Suite aux recherches menées par J. Karimkulov auprès des scientifiques ouzbeks, il est nécessaire de créer de petites zones industrielles en Ouzbékistan. Il est notamment proposé d'établir de petites zones industrielles dans les grandes installations inoccupées du pays et de vendre leurs produits d'exportation par le biais de contrats à terme. [5]

Toutefois, il convient de noter que la structure organisationnelle des petites zones industrielles diffère de celle des zones franches, qui sont principalement axées sur un seul type d'activité.

Les économistes ont largement analysé les activités des zones franches, leurs types et formes de charges fiscales, les incitations financières. Bien que les activités des zones franches aient été largement étudiées et analysées, les zones franches n'ont pas été classées en fonction de leurs activités et des types de soutien économique et financier qui leur sont appliqués.

Les zones économiques libres du pays conformément aux actes juridiques de la République d'Ouzbékistan ; zone spéciale scientifique et technologique ; zone de loisirs touristiques ; peuvent être établies en tant que zones de libre-échange et zones industrielles spéciales. (Cette loi entrera en vigueur le 17 mai 2020) [6].

Selon les recherches menées par l'auteur et les bases théoriques et méthodologiques, les zones franches sont divisées en trois grands groupes (figure 1).

1. Les zones franches spéciales comprennent de grands groupes, tels que les zones de production, de services, de libre-échange, de libre entreprise, les zones agro

et technologiques, et se spécialisent dans certains domaines d'activité. Les privilèges et les préférences accordés aux résidents des zones franches seront également adaptés en fonction de leurs activités. Par exemple, les coûts portuaires seront optimisés dans les zones de libre-échange, des allégements fiscaux seront accordés pour les matières premières et la production importées dans la zone franche dans les zones destinées à la production de produits de substitution aux importations.

2. Les ZES complexes combinent les activités de plusieurs ZES spéciales, et les avantages et les préférences offerts sont conformes à ce principe. Par exemple, les avantages pour le commerce et la production sont fournis en même temps, ou les avantages pour la recherche et la production innovantes.

3. Le troisième type de zones économiques franches est la zone franche transfrontalière, qui combine les avantages commerciaux et logistiques dans les zones frontalières des pays.

Tableau 1.1

Privilèges appliqués dans les zones franches

	Type de zone économique libre	Prestations applicables
	Zones franches spéciales	
1.	Zones de libre-échange - Ports libres - Entrepôt de consignation - Hors taxes	Régime douanier et de visa simplifié, exonération de l'impôt sur le revenu - avantages fiscaux fonciers, régime douanier simplifié - Exonération des droits de douane et des loyers
2.	Zones de service - Zones offshore - Zones de tourisme libre	Régime simplifié d'enregistrement des non-résidents, exonération de l'impôt sur le revenu et les bénéfices Avantages fiscaux en matière de terres, de revenus et de bénéfices
3.	Zones agricoles (agro)	Crédit-bail, terrains, impôts sur le revenu et les bénéfices, infrastructures avancées, subventions
4.	Zones d'innovation - Technoparc	Le personnel et les chercheurs qualifiés bénéficieront d'emplois et de logements bien

	- Technopolis	rémunérés, de bénéfices réduits et de taxes foncières
5.	Zones franches - les zones destinées à la production de produits de substitution aux importations	réduction des droits de douane sur les matières premières et les équipements importés, subventions, système simplifié d'enregistrement des entreprises ;
	- Zones de production destinées à l'exportation	Système de remboursement de la TVA, taux réduit de l'impôt sur le revenu, droits de douane réduits sur les importations d'équipements innovants, système simplifié d'enregistrement des entreprises.
6.	Zones de libre entreprise	Revenu, bénéfice, taux réduit de TVA appliqué
	Zones complexes	
	Réduction des droits de douane sur les matières premières et les équipements importés, subventions, investissements publics, déductions pour loyers fonciers	
	Zones franches transfrontalières	
1.	Transfrontalier	- Exonération des droits de douane et des taxes, application de périodes prolongées pour le stockage des marchandises
2.	Frontière	- Système de remboursement de la TVA, système simplifié d'enregistrement des entreprises

* *Développement de l'auteur du tableau*

Comme le montre le tableau 1.1, la théorie de l'économie mondiale utilise plus de 15 types de zones franches, et les avantages et préférences qui leur sont accordés varient également. Par exemple, dans la pratique des pays étrangers, le système de remboursement de la TVA aux zones de production orientées vers l'exportation, les taux réduits de l'impôt sur le revenu, les droits de douane réduits sur les importations d'équipements innovants, le système simplifié d'enregistrement des entreprises sont largement utilisés. impôts sur le revenu et les bénéfices, infrastructures développées, subventions gouvernementales.

Tableau 1.2

Statut des zones franches opérant en République d'Ouzbékistan

	FEZ opérant en République d'Ouzbékistan	Statut FEZ	Statut fourni par l'auteur
1.	Navoi	EIZ	Complexe de zones
2.	Angren	EIZ	Complexe de zones
3.	Jizzax	Zone industrielle spéciale	Zone industrielle spéciale
4.	Urgut	EIZ	Zone de libre-échange
5.	G'ijduvon	EIZ	Zone de libre-échange
6.	Xazorasp	EIZ	Zone de libre-échange
7.	Kokand	EIZ	Zone de libre-échange
8.	Ferme d'Andijon	EIZ	Zone agricole spéciale
9.	Sirdaryo-Farm	EIZ	Zone agricole spéciale
10.	Nukus-Farm	EIZ	Zone agricole spéciale
11.	Zomin-Farm	EIZ	Zone agricole spéciale
12.	Kosonsoy-Farm	EIZ	Zone agricole spéciale
13.	Boysun-Farm	EIZ	Zone agricole spéciale
14.	Bostonliq-Farm	EIZ	Zone agricole spéciale
15	Parkent-Farm	EIZ	Zone agricole spéciale
16	Yashnabad	Technoparc d'innovation	Technoparc
17	La lampe	EIZ	Complexe de zones
18	Namangan	EIZ	Une zone axée sur la production de produits de substitution aux importations
19	Buxoro-Agro	EIZ	Zone agricole
20	Sirdaryo	EIZ	Zone agricole
21	Nukus	EIZ	Une zone axée sur la production de produits de substitution aux importations
22	Termiz	EIZ	Zone franche frontalière

* Développement de l'auteur du tableau

Si l'on examine les documents juridiques relatifs à l'adoption de la zone franche dans le pays, on constate que la zone franche et les particularités de la zone dans laquelle elle est située ne sont pas prises en compte. Par exemple, les principales tâches et activités des ZES de Nukus et Namangan [7,8] sont les mêmes. Cependant, il n'est pas possible de comparer et d'assimiler ces deux ZFE. Le climat de Nukus est sec et le sol n'est pas fertile pour la culture des fruits et légumes, au contraire, le climat de Namangan est doux et le sol est fertile. Pour cette raison, leurs fonctions et leurs domaines d'activité ont été reconsidérés, et l'auteur a recommandé de les appeler toutes deux "zones de production de substitution aux importations".

Afin d'assurer l'application du décret du Président de la République d'Ouzbékistan du 12 janvier 2017 PF-4931, des centres de production scientifique pour la normalisation, la certification et le marquage des produits conformément aux normes internationales ont été créés dans le cadre des centres d'essai et de certification de Boukhara, Kokand, Samarkand, Khorezm. L'établissement de ces centres a augmenté la capacité des zones franches d'Urgut, Gijduvan, Khazarasp, Kokand à produire et à exporter des produits conformément aux normes internationales. Étant donné la proximité de ces zones avec les couloirs commerciaux internationaux, il est approprié de les appeler "zones de libre-échange". Il est également nécessaire d'établir un régime simplifié de visa et de douane pour les résidents des zones économiques, des exonérations d'impôt sur le revenu, des avantages pour le stockage et le transport des biens et des produits.

Dans l'économie mondiale, il existe des concepts et des types d'activités liés aux zones franches, qui peuvent être utilisés en relation avec les activités de la zone franche. En particulier, ces concepts comprennent : le financement à risque, l'incubateur d'entreprises, le regroupement.

Une pépinière d'entreprises est une école de soutien et de mise en œuvre des idées des jeunes entrepreneurs, qui vise à fournir un soutien financier et des conseils aux processus allant de la création d'idées à la commercialisation. Généralement, les terrains et les bâtiments sont loués à bas prix ou gratuitement aux entreprises au cours des 3 à 5 premières années d'activité des pépinières d'entreprises. La plupart des entreprises qui ont démarré leur activité dans la pépinière d'entreprises deviendront des producteurs de produits innovants dans la période post-pépinière d'entreprises. Des pépinières d'entreprises bien connues, telles que Start-up Next et

Forward Accelerator, opèrent également dans la célèbre Selecon Valley aux États-Unis. La plupart des zones franches des pays développés disposent de pépinières d'entreprises et de centres de co-travail. Ce système joue un rôle important dans le dialogue entre les jeunes entrepreneurs et les grandes entreprises prospères et sert d'école pour les jeunes entrepreneurs.

Le système de financement à risque est également l'une des sources importantes de financement pour le développement d'activités innovantes dans les zones franches. Le capital-risque, ou fonds propres, est une forme d'investissement dans des entreprises ayant un potentiel de développement précoce. Les entreprises à forte intensité de capital-risque sont généralement de jeunes entreprises qui généreront des revenus à l'avenir. Les sociétés de capital-risque et les fondations prennent de petites participations dans ces entreprises pour les aider à se développer et à réussir grâce à un soutien financier et à leur propre expérience commerciale.

Le financement par capital-risque offre la possibilité de développer rapidement des processus innovants. Généralement, dans les zones franches, en particulier dans les technoparcs et les technopoles, des incubateurs d'entreprises, des fonds de capital-risque ou des entreprises opèrent également.

Les clusters rassemblent des professionnels hautement qualifiés, des technologies et des investissements, des coopérations et des spécialisations, créant ainsi une chaîne mondiale de valeur ajoutée.

Les clusters augmenteront la compétitivité en intégrant la production, les services, la recherche, les finances, la coopération entre les secteurs public et privé dans une même zone.

Dans les pays de l'UE, l'État soutient les clusters dans les domaines suivants :
- un soutien financier direct pour des projets uniques ;
- la mise à disposition d'infrastructures et de bâtiments ;
- la réduction des taxes sur la recherche et l'innovation ;
- l'organisation de foires, de missions commerciales et d'autres événements publics ;

- fournir des réseaux de communication avec les universités et l'administration ;

- fournir des liaisons de transport avec différentes zones et d'autres groupements, etc. [9].

Généralement, le cliquetis est utilisé dans les zones économiques spéciales spécialisées dans la recherche et le développement industriel ou scientifique pour réduire les services de transport et de logistique et assurer l'application rapide et efficace des innovations dans la production.

Les concepts ci-dessus peuvent être appliqués dans les zones économiques libres de l'Ouzbékistan. Mais pas de manière unifiée.

Figure 1.1. Points de vue sur l'application de concepts novateurs aux zones franches

Image créée par l'auteur

Le système de financement à risque est une source importante dans l'économie d'un pays en développement comme l'Ouzbékistan. Il est l'un des facteurs importants de la modernisation de la production et de l'accélération des processus d'innovation.

Les pépinières d'entreprises sont un facteur de soutien important pour les entreprises qui ont besoin d'aide dans les premières phases de leurs activités. La création de pépinières d'entreprises dans le technoparc, les zones industrielles spéciales et les zones complexes de l'Ouzbékistan est particulièrement importante pour attirer les investissements dans la zone franche et réduire les risques commerciaux.

Sans soutenir les vues scientifiques de Sergei Sosnovskikh [4], l'auteur estime qu'il est important d'utiliser et d'organiser les grappes industrielles du pays dans la zone complexe, la zone industrielle spéciale, la zone agricole, les zones destinées à la production de produits de substitution aux importations. L'utilisation de grappes industrielles dans la zone franche d'Ouzbékistan assurera la continuité et le faible coût du système industriel. Par exemple, la production d'engrais minéraux dans le cluster agricole, l'emplacement des terres arables et des serres, les entreprises de congélation et de mise en conserve de fruits et de légumes, les entreprises d'exportation dans une seule zone agro-industrielle spéciale augmentent l'efficacité de la production et élargissent les possibilités d'exportation, ce qui conduit à la spécialisation des zones.

Sur la base de ce qui précède, nous suggérons ce qui suit :

1. Il est proposé de reconsidérer le statut des zones franches opérant dans le pays. En particulier, les ZES de Navoi et d'Angren ont une zone complexe, les zones agricoles spéciales d'Andijan, de Syrdarya, de Nukus, de Zaamin, de Kosonsoy, de Boysun, de Bostanliq, de Parkent-Farm, de Bukhara- Il est proposé d'accorder le statut de zone agricole aux ZES "Agro" et "Syrdarya" ;

2. Les principales tâches et activités des ZES de Nukus et Namangan sont les mêmes. Toutefois, il n'est pas possible de comparer et d'assimiler ces deux ZFE. Le climat de Nukus est sec et le sol n'est pas fertile pour la culture des fruits et légumes, au contraire, le climat de Namangan est doux et le sol est fertile. Pour cette raison, leurs fonctions et leurs domaines d'activité ont été reconsidérés, et l'auteur a proposé de les appeler toutes deux "zones de production de substitution aux importations" ;

3. Il est proposé d'ouvrir un incubateur d'entreprises dans la zone industrielle spéciale et les zones complexes de l'Ouzbékistan. Un tel système joue un rôle important dans le dialogue entre les jeunes entrepreneurs et les grandes entreprises prospères et sert d'école pour les jeunes entrepreneurs.

4. L'application du système de regroupement industriel dans la zone complexe, la zone industrielle spéciale, la zone agricole, les zones destinées à la

production de produits de substitution aux importations jouera un rôle important dans la spécialisation des zones, en élargissant les possibilités d'exportation ;

5. Il convient de noter que la mise en place d'un système de financement à risque, largement utilisé dans l'expérience des pays étrangers dans le développement d'activités innovantes dans le pays, sera un facteur important dans le développement de parcs technologiques avec des fonds à risque dans la zone franche.

NOUVELLE LÉGISLATION DES RÉGIONS ÉCONOMIQUES SPÉCIALES EN OUZBÉKISTAN

La loi de la République d'Ouzbékistan "sur les zones économiques spéciales" a été publiée le 17.02.2020. [6]

Depuis 1996, les activités des zones franches dans le pays sont régies par la loi de la République d'Ouzbékistan "sur les zones franches". Plusieurs facteurs ont conduit à l'adoption de la nouvelle loi pour remplacer la précédente :

- La loi de la République d'Ouzbékistan "sur les zones économiques libres" a été adoptée en 1996, et la première ZES "Navoi" du pays a été créée en 2008 et a commencé à fonctionner en 2009. C'est-à-dire que la législation des zones franches n'avait pas encore été adoptée avant la création des zones franches, et le niveau de pertinence de la pratique était très faible.

- La loi de la République d'Ouzbékistan "Sur les zones économiques libres" a été adoptée dans les premières années de l'indépendance de l'Ouzbékistan et, ces dernières années, n'a pas été en mesure de réglementer légalement les tendances actuelles du développement de l'économie du pays et de la zone franche, c'est-à-dire dans le cadre de cette loi.

- L'abondance des documents juridiques réglementant les activités de la zone franche dans le pays a créé le besoin d'une nouvelle loi.

Contrairement à l'actuelle loi sur les zones franches, le document adopté

d'abord, il est assez volumineux et se distingue par sa structure - il se compose de 11 chapitres et de 48 articles (l'actuel - 3 chapitres, 28 articles), doté d'un appareil conceptuel, définit les pouvoirs de l'administration publique dans ce domaine ;

deuxièmement, elle implique la classification suivante des zones économiques spéciales :

- Zone franche (FEZ) - construction de nouvelles installations de production, développement de la production de haute technologie, participation active au développement de produits industriels finis modernes, compétitifs, de substitution aux importations et orientés vers l'exportation, ainsi qu'à la production, à l'ingénierie et aux communications, à la construction de routes. territoire créé dans le but d'assurer le développement des transports, des infrastructures sociales et des services logistiques ;

- zone scientifique et technologique spéciale - une zone où sont concentrées les organisations scientifiques et autres organisations dans le domaine de l'activité scientifique (parcs technologiques, centres de distribution (transfert de technologie), pôles d'innovation, fonds de capital-risque, pépinières d'entreprises, etc ;

- zone touristique et récréative - la construction d'infrastructures touristiques modernes (complexes hôteliers, installations culturelles et récréatives, commerciales et de divertissement et autres installations touristiques), de zones récréatives spéciales et saisonnières avec les conditions nécessaires pour servir les touristes. la zone créée pour la mise en œuvre de projets d'investissement ;

- zones de libre-échange - zones comportant des entrepôts de consignation, des régimes douaniers et fiscaux spéciaux, ainsi que des zones de transformation, d'emballage, de triage, de stockage des marchandises, des postes de contrôle frontaliers, des aéroports, des liaisons ferroviaires ou d'autres zones douanières ;

- zone industrielle spéciale - une zone où un régime spécial de gestion, d'activité économique et financière est introduit, le service et la production formés par l'attribution de parcelles de terrain pour la construction des infrastructures administratives, scientifiques et technologiques, de production, d'ingénierie et de communication, de transport routier et sociales nécessaires comprend des zones ;

troisièmement, la procédure de création d'une zone économique spéciale, la prolongation de son fonctionnement, la modification de ses limites et sa suppression, ainsi que les questions de gestion (fonctionnement du conseil d'administration) sont décrites en détail ;

quatrièmement, il comprend des exigences relatives aux projets d'investissement proposés qui doivent être mis en œuvre sur le territoire de ces zones. Elles sont divisées en exigences générales et spécifiques - séparément pour chaque type de zone. Il est interdit d'exercer certaines activités sur le territoire des zones économiques spéciales. Par exemple, la production d'armes et de munitions, de matières nucléaires et de substances radioactives, d'alcool et de produits du tabac, etc. La loi stipule également le processus de dépôt et d'examen des demandes d'investissement, de conclusion, de prolongation et de résiliation des accords d'investissement.

cinquièmement, un chapitre distinct de la loi est consacré aux participants des zones économiques spéciales - leurs droits et obligations, l'acquisition, la perte et la privation de statut par eux.

sixièmement, les caractéristiques du régime juridique, en particulier les avantages fiscaux et douaniers pour les participants dans les zones. Les avantages fiscaux et les modalités de leur application sont prévus par le code des impôts. Ils sont également exonérés du paiement des droits de douane :

- les paiements douaniers pour les matériaux de construction qui ne sont pas produits dans le pays et importés de la manière prescrite pendant la période de construction pour la mise en œuvre du projet d'investissement conformément à l'accord d'investissement (hors TVA et frais de dédouanement) ;

- lors de l'importation de matériel similaire de la liste approuvée, qui n'est pas produit dans notre pays (à l'exception des frais de dédouanement) ;

- l'importation de matières premières, de fournitures et de composants utilisés pour la production et la vente de produits destinés à l'exportation (à l'exception des frais de dédouanement).

Tableau 2.1

Différences entre la loi sur les zones économiques spéciales et la loi sur les zones économiques libres

Loi sur les zones économiques spéciales	Loi sur les zones franches

Article 9. Types de zones économiques spéciales Les zones économiques spéciales peuvent être organisées selon les types suivants : les zones franches ; les zones scientifiques et technologiques spéciales ; les zones touristiques et récréatives ; les zones de libre-échange ; les zones industrielles spéciales.	Article 5. Types de zones économiques franches Les zones économiques franches : les zones de libre-échange ; les zones de production libre ; peuvent être créées sous la forme de zones scientifiques et techniques libres et d'autres zones.
Article 11. Zone scientifique et technologique spéciale Zone scientifique et technologique spéciale - une zone où les organisations scientifiques et d'autres organisations dans le domaine de l'activité scientifique (parcs technologiques, centres de distribution (transfert) de technologie, grappes d'innovation, fonds de capital-risque, pépinières d'entreprises, etc.	Article 8. Zones scientifiques et techniques franches Les zones franches scientifiques et techniques consistent en des zones séparées, où sont concentrés les centres de recherche, de production et de formation, et un ordre juridique spécial est établi pour eux, visant à développer la capacité scientifique et de production. Les zones scientifiques et techniques libres sont organisées sous forme de zones de haute technologie, de technoparcs, de centres régionaux d'innovation - technopoles.
Article 13. Zones de libre-échange Zones de libre-échange, entrepôts de consignation, douanes spéciales et les zones à régime fiscal, ainsi que les zones de transformation, de conditionnement, de tri, de stockage des marchandises comprend. Des zones de libre-échange sont établies aux points de contrôle frontaliers, dans les aéroports, les liaisons ferroviaires ou d'autres territoires douaniers de la République d'Ouzbékistan.	Article 6. Zones de libre-échange Les zones de libre-échange comprennent les entrepôts de consignation, les zones douanières libres, ainsi que les zones de transformation, de conditionnement, de tri et de stockage des marchandises. Des zones de libre-échange sont établies aux points de contrôle frontaliers, dans les aéroports, aux carrefours ferroviaires ou dans d'autres lieux du territoire douanier de la République d'Ouzbékistan.

Un autre aspect important de la nouvelle loi est que les citoyens de la République d'Ouzbékistan doivent représenter au moins quatre-vingt-dix pour cent du nombre total d'employés dans le personnel des entités juridiques établies sur le territoire des zones économiques spéciales.

Toutefois, la nouvelle loi permet également de fixer des exigences élevées pour les résidents et les investisseurs de la zone économique spéciale :

L'article 31 de la loi stipule qu'un participant à une zone économique spéciale perd le statut de participant à une zone économique spéciale s'il ne remplit pas ses obligations en vertu de l'accord d'investissement. Toutefois, il n'est pas prévu d'examiner les raisons de la non-exécution de ces obligations. Par exemple, il faut tenir compte de l'évolution du marché, de la baisse de la compétitivité et de l'impact d'autres facteurs.

Il existe également des types de zones économiques spéciales dans l'économie mondiale qui ne sont pas spécifiés dans cette loi. Par exemple, les zones agricoles, les zones commerciales et les zones transfrontalières. Pour les pays en développement tels que l'Ouzbékistan, il serait bénéfique pour l'économie d'établir des zones d'affaires dans les zones à faibles revenus, ainsi que des zones de commerce ou de production transfrontalières afin d'accroître le commerce mutuel dans les pays voisins.

ORIENTATIONS POUR L'AMÉLIORATION DES INFRASTRUCTURES DANS LES ZONES FRANCHES D'OUZBÉKISTAN

L'un des facteurs importants de la compétitivité des pays dans l'économie mondiale est leur ouverture à l'environnement extérieur, l'absence de barrières aux échanges et aux relations économiques.

La seconde moitié du XXe siècle est caractérisée par une période où les pays ont des indicateurs progressifs d'activité économique étrangère ouverte. Les zones économiques franches, qui comprennent un climat d'investissement actif, un développement innovant et un libre-échange sans barrières, jouent un rôle important dans ces indicateurs progressifs.

En 2017, il y a plus de 2 000 zones franches dans l'économie mondiale, 841 en Asie, 634 en Amérique, 501 en Europe, 145 en Afrique et 10 en Australie [10]. En Ouzbékistan, leur nombre a atteint 21. Aujourd'hui, il existe 10 zones franches de production, 8 zones pharmaceutiques, 1 zone franche pour le développement du tourisme, de la pêche et de l'agro-industrie dans le pays.

Cependant, selon les investisseurs, toutes les zones franches du pays ne satisfont pas pleinement aux normes mondiales [11].

Y compris :

- la non-conformité des infrastructures de transport et de logistique et des infrastructures financières dans les zones franches opérant dans le pays avec les normes mondiales conformément à l'avis des investisseurs et les coûts de transport élevés ;

- Le désagrément de l'emplacement des zones franches, c'est-à-dire Jizzakh, Gijduvan, Urgut, Hazarasp Les zones franches ne sont pas industrialisées et proches des grandes villes ;

- Absence de valeur élevée des avantages fiscaux et autres préférences dans les régions ;

- L'accomplissement de la tâche complexe de la FEZ du pays, leur manque de spécialisation dans une industrie particulière ;

- L'organisation des zones avec une infrastructure de production sous-développée en tant que FEZ ;

- Le financement du budget de la zone franche par l'État, l'absence de partenariat public-privé dans le financement du budget de la zone franche.

Selon l'expérience des pays étrangers développés, les transports et les caractéristiques géographiques de la région jouent un rôle important dans l'organisation de la zone franche. Afin d'assurer le fonctionnement efficace de la zone franche, des zones avec une infrastructure de production développée seront sélectionnées.

Selon l'expérience de l'Ouzbékistan, après la création des zones franches, l'infrastructure de production et le potentiel de transport de la région se développeront en même temps. Une telle approche du développement des zones franches augmente le temps et les dépenses d'investissement et entrave le fonctionnement efficace des zones franches.

Par conséquent, l'analyse du potentiel de transport et de l'infrastructure de production de la zone franche de l'Ouzbékistan est pertinente, ce qui permettra d'appliquer des méthodes efficaces de développement de l'infrastructure de production.

L'étude approfondie du problème ci-dessus dans le cadre du processus de recherche soulève les tâches suivantes :

- Analyse du DSE de l'Ouzbékistan sur l'exemple du DSE "Angren" dans le pays sur la base d'un suivi sélectif ;

- Etudier les facteurs qui entravent l'attractivité de la zone franche pour les investissements ;

- Analyse approfondie de l'état et des problèmes de l'infrastructure de production dans la ZFE "Angren".

L'induction, la déduction, l'analyse et la synthèse, ainsi que l'observation ont été utilisées efficacement dans cette étude.

L'étude a utilisé la méthode du terrain. La plupart des données présentées ont été formulées à l'aide de la méthode d'observation. En particulier, les conclusions sur la structure de la zone franche, les activités de la direction et les activités des entreprises et des organisations opérant dans la zone franche.

Les fondements théoriques des zones franches ont été largement étudiés en Ouzbékistan. En particulier, Z.H. Karimova [12] a étudié l'importance des régions, le cadre réglementaire pour l'établissement de zones franches. Cependant, l'étude ne fournit pas de conclusions scientifiques visant spécifiquement à améliorer le travail des ZFE en Ouzbékistan.

N.E. Jiyanova [13] a présenté les principaux objectifs de l'établissement de zones franches en Ouzbékistan, ainsi que des propositions pour la localisation et le développement de zones franches, basées sur les caractéristiques du développement socio-économique des régions.

Cependant, étant donné que l'expérience pratique de l'organisation des zones franches dans le pays s'est formée ces dernières années, le poids de la recherche théorique appliquée est faible. C'est pourquoi il est pertinent de mener une vaste étude sur ce sujet.

Lors de l'étude de la structure territoriale de la ZFE d'Angren, il a été constaté que la zone se compose des blocs "Ahangaron", "Akcha", "Angren-1", "Angren-2". Selon l'expérience chinoise ou russe, la gigantomanie n'est pas autorisée dans l'organisation des zones franches. La spécialisation des zones franches avec une petite surface et la capacité de fournir l'infrastructure nécessaire augmentera. Par exemple, il est préférable que les entreprises textiles soient situées dans des zones avec de l'eau et de l'électricité de faible puissance, des complexes industriels lourds avec de l'électricité de grande capacité, à proximité des gares ferroviaires, en dehors de la ville, des zones commerciales dans le centre ville.

La distance du processus de construction, d'entretien et de mise en service des entreprises dans la région. Par exemple, si nous prenons l'usine de caoutchouc "First", qui produit des pneus sous la marque "Bars", la construction de cette entreprise a commencé en 2011, mais l'entreprise a officiellement commencé ses activités en 2017 et a commencé la production en 2018. Bien que l'entreprise ait été créée avec des investissements chinois, elle n'est toujours pas orientée vers l'exportation. La principale raison en est le manque de recherche en marketing de la société, le fait que les pneus produits par l'entreprise ne répondent pas aux normes internationales.

La disponibilité de certificats internationaux est l'une des conditions les plus importantes pour l'exportation de produits. Quelle que soit la qualité d'un produit, le processus de production ne répond pas aux règles de sécurité, il n'est pas considéré comme un produit compétitif s'il n'est pas reconnu par les normes internationales.

Un autre problème à résoudre est le manque de laboratoires d'expertise et de sites d'essai dans la région. Cela signifie qu'il y aura des zones d'essai loin de la colonie, étant donné que la zone franche est située dans une colonie. Le fonctionnement des laboratoires d'expertise dans la région implique des tests de laboratoire rapides sur les produits alimentaires et non alimentaires produits dans la zone franche.

Le fait que les entreprises manufacturières de la zone franche ne soient pas situées à proximité les unes des autres ou dans un système unique pose également un certain nombre de défis. La proximité des entreprises au sein d'un réseau permet le développement de la production en grappes. Par exemple, l'implantation d'un fabricant de pneus dans la même zone avec des équipements et des outils automobiles, l'implantation d'une sucrerie dans la même zone que les usines de confiserie, etc. En outre, selon l'expérience russe, cette méthode permet aux produits orientés vers l'exportation de devenir compétitifs sur la base d'un faible coût.

Selon le cadre juridique [14], au stade de la formation d'une zone économique libre, des fonds peuvent être attirés du budget national et des budgets locaux sous forme de prêts ou d'investissements directs dans la production et les infrastructures sociales.

Le budget de la zone franche est formé des revenus de la location des terrains, des bâtiments et des structures utilisés et gérés par le Conseil d'administration de la zone franche (ci-après dénommé le Conseil d'administration), des services et d'autres revenus non interdits par la loi.

Les personnes morales et physiques exerçant des activités économiques dans une zone franche sont enregistrées auprès de la direction.

Figure 3.1. Gestion des zones économiques franches en République d'Ouzbékistan *

* image design de l'auteur

Selon la loi, le budget de la zone franche est constitué par l'État, les budgets locaux, ainsi que par la location de terrains, de bâtiments et de structures. Toutefois, la formation de ce budget sur la base d'un partenariat public-privé n'est pas interdite. Il n'y a pas de projets de partenariat public-privé dans la zone franche - un tel système n'est pas en place. Cela s'explique par le manque d'infrastructures financières dans la région, la complexité du processus de gestion et la forte intervention de l'État, et donc le risque élevé de localisation des projets.

Il faut également reconnaître que l'infrastructure financière de la zone franche est insatisfaisante. En particulier, un des problèmes sérieux est le fait que le système de crédits à l'exportation et leur assurance n'est pas établi non seulement dans la zone franche, mais aussi dans tout le pays, et le manque de fonds d'investissement et de fonds à risque dans la zone franche.

Flux de crédits à l'exportation fournis par les banques d'import-export de pays étrangers à des conditions élevées et non concurrentielles.

Les FEZ sont des zones créées pour attirer le financement du risque dans l'économie. Le premier capital-risque dirigé vers les zones franches est un investissement public. C'est-à-dire que, selon les fondements théoriques, le financement à risque est un investissement dirigé non seulement par des fonds et des entreprises à risque, mais aussi vers des processus innovants. Le fait que les entreprises opérant dans les zones franches sont spirituellement dépassées et en retard sur les technologies des pays développés, crée un besoin de financement à risque dans cette région également.

La hiérarchie de gestion à plusieurs niveaux dans la zone franche d'Ouzbékistan est également l'un des problèmes qui effraient les investisseurs. Le système présenté dans la figure 1 ne garantit pas l'indépendance totale du conseil d'administration de la zone franche.

Selon l'expérience russe, l'initiative de la création de la zone franche est prise par les autorités locales. 40-60% du financement de la zone franche est également assuré par le budget local. La zone franche est soumise à la seule décision de l'autorité locale.

L'application d'une hiérarchie de gestion aussi complexe en Ouzbékistan a également conduit à une redistribution des responsabilités.

L'enregistrement de projets d'investissement similaires dans la zone franche comporte également plusieurs étapes.

Un tel système prolongerait également la période pendant laquelle un investisseur étranger peut devenir résident de l'UE et augmenterait les coûts supplémentaires.

Selon les observations de l'auteur, il y a suffisamment de problèmes à résoudre non seulement dans la ZFE "Angren", mais dans toutes les ZFE de notre pays. Leur solution doit être trouvée dans le cadre d'un programme graduel bien pensé.

1. Étant donné la grande superficie de la zone franche d'Angren, celle-ci devrait être divisée en 4 zones industrielles interconnectées. Par exemple, étant donné l'emplacement d'une centrale thermique dans la région d'Akcha, il est nécessaire d'y implanter des entreprises à forte intensité énergétique, en particulier des entreprises d'industrie lourde. Placement d'entreprises, d'entreprises alimentaires

et non alimentaires liées au transport routier dans la région d'Ahangaron de la zone franche.

La division de la zone franche en de telles parties permet un développement en grappes, ce qui augmente l'efficacité de la gestion de la zone.

2. Accroître l'indépendance de la direction de la zone franche. Enregistrement des projets d'investissement par le principe du "guichet unique". En particulier, la création d'un centre d'expertise sous la FEZ sous la tutelle du Ministère de l'Economie et sa soumission à celui-ci. Cette méthode permet de réaliser les projets d'investissement en 10 jours, au lieu de 32 jours en moyenne.

Création de laboratoires de normalisation et de certification dans la zone franche. Les activités d'un tel laboratoire sont réalisées conjointement avec l'Agence "Uzstandard", ce qui permet de passer rapidement le contrôle de qualité des produits sur le marché de consommation et orienté vers l'exportation.

Tableau 3.1

Analyse comparative de la zone franche de l'Ouzbékistan et de la zone franche d'autres pays*.

	Zones franches en Ouzbékistan	Les zones franches aux Émirats arabes unis	Les zones franches en Corée du Sud	Les zones franches en Russie
Un aspect particulier	La localisation des zones franches dans les différentes régions du pays	Soutien de l'État aux zones franches	l'aéroport international, le port, le centre logistique international et toutes les infrastructures sociales nécessaires à la vie et au développement de la population	la répartition des responsabilités des budgets fédéral et locaux dans le financement des zones franches et la spécialisation des zones franches dans la production de produits de haute technologie
Système de gestion	complexe et multi-articulé	sur la base d'un partenariat public-privé	sélection de zones proches de la mer en tant que ZFE	Système de gestion à deux liens en liaison avec les

| Le processus d'organisation de la FEZ | être organisé conformément à la législation | être organisé conformément à la législation | développement du système de transport et de logistique | la sélection des zones à constituer en fonction des demandes |
| Le principal facteur d'attractivité | Situé au cœur de l'Asie centrale | Situé dans le golfe Persique et un important marché de consommation | Les zones franches en Corée du Sud | axée sur la production innovante |

*жадвал муаллиф ишланмаси

L'auteur propose le système suivant de soutien de l'État aux zones franches du pays :

- Accorder le droit de louer des terrains aux résidents de la zone franche à la Direction de la zone franche.

Selon la loi de la République d'Ouzbékistan "sur les zones économiques libres", le budget du Conseil administratif de la région reçoit également des revenus par le biais de la location de terrains. Cependant, le fait que la location de terrains dans la région soit effectuée conformément à la décision des autorités locales ne permet pas à la zone franche de générer des revenus. Les revenus de la zone franche auront la capacité financière de développer l'infrastructure. C'est pourquoi la zone franche devrait avoir le droit de disposer de ses propres terrains ;

- Création d'entrepôts de commerce et de consignation dans la région, compte tenu du fait que l'Angren est une région complexe.

Selon l'expérience des EAU et de la République de Corée, les marchandises importées dans les EAU peuvent être stockées dans ce pays pendant 180 jours sans droits de douane ni taxes. Les marchandises sont stockées dans des entrepôts spéciaux conformément à leur composition chimique et aux instructions. Ces entrepôts sont loués sur la base d'un contrat avec le droit de stockage ou de vente en gros des marchandises.

Étant donné la situation de l'ITIE d'Angren sur la route de transit vers le Kazakhstan et la Chine, il existe un grand potentiel pour le développement des relations commerciales internationales ;

- L'un des principaux objectifs de la FEZ est d'améliorer les conditions de vie de la population et le développement des infrastructures sociales dans la région.

Les institutions offrant des loisirs culturels, l'éducation et des services médicaux de qualité dans la région, ainsi que les hôtels construits pour les citoyens et les investisseurs étrangers, ne fonctionnent pas de manière satisfaisante.

L'État est tenu de créer un système de prestations pour les entités qui fournissent des services modernes dans la zone franche. Par exemple, il est conseillé d'appliquer les avantages suivants : exemption d'une taxe unique pendant les 5 premières années d'exploitation, aucune exigence concernant le montant minimum du capital autorisé, attribution de parcelles de terrain pour ces entités sur le côté de l'autoroute A-373 ;

- Création d'une infrastructure bancaire et financière à Angren. Dans la région, Uzbekinvest, la Banque nationale pour l'activité économique extérieure, fournira des prêts à l'exportation et établira un mécanisme distinct pour l'assurance des prêts à l'exportation.

Bien que les prêts à l'exportation et à l'importation en République d'Ouzbékistan soient accordés par presque toutes les banques commerciales du pays, il faut en moyenne 2 à 6 mois pour obtenir ces prêts. Mais le plus beau, c'est que ces prêts sont séparés avec une échéance pouvant aller jusqu'à 60 mois.

En outre, des prêts à l'exportation sont émis dans notre pays par des banques internationales et des banques d'import-export de pays étrangers. En particulier, au moins 50 % des fonds financés par l'Export-Import Bank of China doivent être consacrés à des équipements fabriqués en Chine. Le prêt sera également remboursé dans la devise allouée. Les prêts sont émis par l'Export-Import Bank of China pour 5 ans avec un taux d'intérêt annuel de 4,0 %. Les prêts à l'exportation-importation émis par les banques nationales sont émis à un taux de 10 à 20 %. L'un des défauts de la ligne de crédit de l'Export-Import Bank of China est que la commission est en moyenne de 10 à 12 % par an. [16]

Selon les observations et les recherches ci-dessus, l'expérience des aides publiques dans les zones franches de n'importe quel pays ne peut pas être directement appliquée dans notre pays.

L'emplacement des zones franches et le niveau élevé d'intervention du gouvernement font que les zones franches du pays ne démontrent pas pleinement leur potentiel géographique et financier. Par conséquent, sur la base de l'expérience russe, il est nécessaire d'annoncer un concours pour l'organisation des zones franches, afin de sélectionner la zone la plus appropriée conformément aux demandes et au plan d'affaires soumis par les administrations de la ville et du district dans l'organisation des zones franches. L'établissement de la zone franche sur une base concurrentielle jouera un rôle important dans l'accroissement de la responsabilité et de l'obligation de rendre compte des gouvernements locaux à l'égard de la zone franche.

Selon l'approche de l'auteur, compte tenu de l'attractivité du pays et de ses possibilités de développement, il est conseillé de mettre en œuvre ce qui suit :

- Afin d'assurer le fonctionnement efficace de la zone franche d'Angren, il est recommandé de diviser la zone franche en 4 petites zones industrielles. La formation et le développement de ces petits groupes industriels permettra de développer la coopération sur la base de la spécialisation et de la méthode de cluster, la formation d'infrastructures liées aux industries individuelles ;

- Afin de développer l'infrastructure bancaire et financière de l'Angren, il est opportun de confier à Uzbekinvest, la Banque nationale pour l'activité économique extérieure, le soin de fournir des prêts à l'exportation et d'établir un mécanisme distinct pour l'assurance-crédit à l'exportation. En particulier, l'ouverture par la Banque nationale pour l'activité économique extérieure de lignes spéciales de crédit à l'exportation-importation de 6-7% pour les résidents de la zone franche d'Angren devrait être caractérisée par l'absence de conditions obligatoires pour l'obtention de crédits du pays établi ;

- Développement de l'infrastructure socioculturelle à Angren. L'une des caractéristiques importantes qui attirent les investisseurs et les citoyens étrangers est l'adéquation des conditions pour vivre et prospérer dans la région. En particulier, l'existence de théâtres, de musées, d'hôtels, de restaurants et de lieux de divertissement dans la région augmente l'attrait de la zone franche ;

- Donner au Conseil d'administration de la zone franche "Angren" le droit d'examiner les projets d'investissement, d'attribuer des terrains aux résidents sur la base du principe du "guichet unique". L'application de ce principe permet de réduire les délais et les coûts, tout en permettant à la zone franche d'utiliser ses terrains de manière plus efficace et efficiente.

- Compte tenu du fait qu'Angren est une zone franche complexe, il est nécessaire de construire et de louer des entrepôts de consignation dans la zone franche.

DÉVELOPPEMENT DES RELATIONS COMMERCIALES ET ÉCONOMIQUES TRANSFRONTALIÈRES EN ASIE CENTRALE : DÉFIS ET SOLUTIONS

Dans le contexte de la mondialisation, la coopération commerciale et économique entre les pays est un facteur important pour renforcer la compétitivité.

L'Asie centrale est une région au potentiel économique et en ressources sur le continent asiatique, qui comprend l'Ouzbékistan, le Kazakhstan, le Kirghizstan, le Tadjikistan et le Turkménistan, qui sont apparus comme des États indépendants sur la carte politique mondiale après 1991.

Le développement des relations commerciales et économiques entre des pays ayant un développement économique différent, bien que ces pays soient historiquement proches les uns des autres, mais ne sont pas des relations commerciales et économiques bien établies, et sans lien économique, la part élevée des pays non CEI dans les économies de la région. la deuxième partie du problème.

La coopération commerciale et économique des pays d'Asie centrale a été bien étudiée par les scientifiques de la région et d'autres grands scientifiques étrangers.

Les recherches d'Uuriintuya Batsaikhan et de Marek Dombrowski analysent l'histoire, la géographie et la politique des pays d'Asie centrale, leur intégration commerciale et économique, les réformes du pays et les indicateurs socio-économiques.

L'analyse montre que, malgré le fait que les pays d'Asie centrale soient riches en ressources naturelles, ils représentent toujours les vestiges du régime socialiste en termes économiques et politiques.

L'article est complet et montre la situation politique et économique en Asie centrale. Il analyse les relations des pays de la région avec les organisations internationales et d'autres pays, mais ne se concentre pas sur la coopération commerciale et économique entre les pays d'Asie centrale et leurs perspectives[30].

Dans une étude de Liu Jiangsu. [31], il s'agit de la diplomatie énergétique en Asie centrale. L'utilisation des marchés énergétiques extérieurs par le biais d'investissements internationaux est devenue une stratégie importante pour faire face aux risques énergétiques et optimiser la distribution de l'énergie. Grâce à sa situation géographique importante et à la diversité de ses ressources, l'Asie centrale a attiré l'attention de la communauté internationale et est devenue un lieu d'investissement étranger. Toutefois, le risque de corruption est une préoccupation majeure pour les investisseurs étrangers, en particulier dans le secteur de l'énergie. En tant que personne interrogée, la part de la corruption dans l'arbitrage international des investissements avec cinq pays d'Asie centrale atteint jusqu'à 75 % dans le secteur de l'énergie. Dans ces situations, le choix de l'Asie centrale comme lieu d'investissement est une décision prise après avoir examiné à la fois les opportunités et les risques des investissements à forte intensité de ressources. Dans ce contexte, le document vise à exercer une influence politique sur les gouvernements, les décideurs politiques et les investisseurs étrangers. Il est proposé de modifier les accords bilatéraux d'investissement, d'établir un cadre juridique pour les pays d'Asie centrale, de prendre des mesures pour encourager les investissements, de renforcer le système d'autodéfense et d'autodéfense des investisseurs et de renforcer le système de garanties des investissements. .

Cette conclusion tirée par les scientifiques chinois se retrouve dans les travaux de nombreux autres chercheurs. La coopération des pays de la région, non seulement dans le secteur de l'énergie, mais aussi dans de nombreux autres domaines, y compris les taxes commerciales, économiques, de transit, douanières et frontalières, est l'un des principaux défis que les pays d'Asie centrale devront relever au XXIe siècle.

La volatilité des taux de change est étroitement liée aux prix du marché des capitaux et affecte également le volume des importations et des exportations ainsi que les investissements étrangers dans l'économie réelle. Recherche par Xuping Ma, Jun Wang, Xiaolei Sun [32] Risque de variation des taux de change entre plusieurs pays à l'aide d'une approche basée sur un indice VAR appris.

On affirme que les interactions internes sur les marchés des changes d'Asie centrale sont faibles et que la monnaie du Kirghizstan joue un rôle important dans toute la région. Le Kirghizistan a également une Organisation mondiale du commerce. Mais les pays de la région comme le Kazakhstan et l'Ouzbékistan ne prennent pas en considération le rôle joué par le commerce extérieur.

Le PIB de l'Asie centrale, le PIB par habitant, la géographie et la structure des exportations et des importations, ainsi que les tendances du changement sont des indicateurs importants des économies des pays en développement et permettent d'analyser la dynamique du commerce extérieur.

Tableau 4.1.

PIB de l'Asie centrale pour 2000-2019, en milliards de dollars (à prix constants) (Banque mondiale, 2019)

	2000 y.	2005 y.	Croissance par rapport à 2000	2010 y.	Croissance par rapport à 2000	2015 y.	Croissance par rapport à 2000	2018 y.	Croissance par rapport à 2000
Ouzbékistan	24,1	31,3	130	46,7	194	66,9	277,6	78	323,6
Kazakhstan	66,8	109,5	164	148	221,5	186,3	278,9	204,1	305,5
Kirghizistan	3,2	3,8	118,7	4,8	150	6	187,5	6,9	215,6
Tadjikistan	2,6	4,1	157,7	5,6	215,4	6,1	234,6	9,8	377
Turkménistan	10,7	13,8	129	26,2	245	37,2	347,6	44,7	417,7

Bien que le Kazakhstan ait le PIB le plus élevé d'Asie centrale (tableau 4.1), les taux de croissance par rapport à 2000 sont élevés au Turkménistan, au Tadjikistan et en Ouzbékistan en 2018, avec des taux de croissance relativement plus faibles au Kazakhstan et au Kirghizistan.

L'un des principaux facteurs de croissance économique a été l'augmentation de la part des investissements étrangers dans l'économie du Turkménistan et de l'Ouzbékistan et l'élargissement significatif des buts et objectifs stratégiques.

Le PIB par habitant est l'un des indicateurs clés de l'IDH et constitue l'un des indicateurs les plus importants du niveau de vie, du bien-être et du niveau de vie.

En termes de PIB par habitant en Asie centrale (tableau 4.2), le Kazakhstan était le leader en 2000 et 2018, avec 9 812 dollars. Au Turkménistan, ce chiffre était de 6 967 dollars US, tandis que le PIB par habitant de l'Ouzbékistan en 2018 était de 1 532 dollars US.

Bien que le Kirghizstan et le Tadjikistan aient une tendance à la croissance, ils sont moins nombreux que les autres pays de la région.

Tableau 2.

PIB par habitant, en prix courants, en dollars (Banque mondiale, 2019)

	2000 y.	2005 y.	2010 y.	2015 y.	2018 y.
Ouzbékistan	558,2	546,7	1 634	2 615	1 532
Kazakhstan	1 229	3 771	9 070	10 510	9 812
Kirghizistan	279	476	880	1 121	1 281
Tadjikistan	138	340	749	929	826
Turkménistan	643	1 704	4 439	6 432	6 967

Comme d'autres indicateurs macroéconomiques, le Kazakhstan est le leader de la région en termes d'exportations et d'importations (figure 4.1), mais la balance commerciale extérieure reste inégale. Par exemple, on peut voir le solde positif en 2000-2010 et le solde négatif en 2015-2018. Cela témoigne de la part croissante des investissements étrangers dans l'économie du pays.

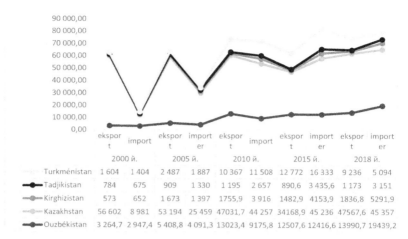

Figure 1. Volume des exportations et des importations en Asie centrale (Banque mondiale, 2019)

Le Turkménistan a enregistré un excédent du commerce extérieur négatif en 2005-2015, et une tendance positive en 2018. Mais en 2018, le commerce extérieur a connu un déclin.

Le Kirghizistan présente un solde négatif pour la période 2010-2018, ce qui peut être considéré comme l'impact de l'adhésion à l'OMC sur le commerce extérieur.

Depuis 2005, le commerce extérieur du Tadjikistan présente un solde négatif, ce qui peut s'expliquer par le fait que le pétrole et le gaz, ainsi que d'autres ressources, la farine et le blé représentent une part importante des importations du pays.

Après 2016, la balance du commerce extérieur de l'Ouzbékistan sera négative. La raison principale de cette situation est la libéralisation des relations économiques extérieures du pays.

Malgré le fait que les pays d'Asie centrale aient la même structure d'exportation et d'importation, on peut constater, dans la période post-2016, l'augmentation des échanges entre les pays d'Asie centrale et leur part dans le chiffre d'affaires total. Il s'agit là d'une tendance positive, bien entendu, qui augmentera les possibilités d'intégration dans le cadre de la mondialisation.

Le Kazakhstan, le Kirghizstan, le Tadjikistan et le Turkménistan figurent parmi les 20 premiers partenaires commerciaux de l'Ouzbékistan et ont exporté des biens pour une valeur de 10 milliards 800 millions de dollars en janvier-juillet 2019. Le Tadjikistan a exporté 1,6 % de ses produits[19].

L'Ouzbékistan est l'un des dix plus grands partenaires du Kazakhstan, le blé, les fruits et légumes, le gaz et les semi-usines dominant le chiffre d'affaires commercial entre les deux pays. Si l'Ouzbékistan domine dans les échanges avec le Kirghizistan et le Tadjikistan, les statistiques avec le Kazakhstan et le Turkménistan le montreront. L'Ouzbékistan importe du pétrole et des produits semi-pétroliers du Kazakhstan et du Turkménistan, et exporte son gaz vers le Kirghizstan et le Tadjikistan.

Le Kazakhstan, l'Ouzbékistan et le Tadjikistan figurent parmi les dix plus grands partenaires commerciaux du Kirghizstan.

Deux des cinq principaux partenaires du Tadjikistan sont des pays d'Asie centrale - le Kazakhstan et l'Ouzbékistan. Le Kazakhstan exporte de la farine et du blé au Tadjikistan, tandis que l'Ouzbékistan et le Tadjikistan occupent une part importante des automobiles et de l'aluminium.

Tableau 4.3.

Coopération des pays d'Asie centrale avec les organisations internationales

	Ouzbékistan	Kazakhstan	Kirghizistan	Tadjikistan	Turkménistan
ONU (ONU, 2019)	membre	membre	membre	membre	membre
CNUCED (CNUCED, 2019)	membre	membre	membre	membre	membre
OMC (OMC, 2019)	observateur	membre	membre	membre	non membre
CIS	membre	membre	membre	membre	Membre associé

| Organisation de coopération de Shanghai (Albert,2019). | membre | membre | membre | membre | non membre |
| Coopération économique eurasienne (Centon,2018) | non membre | membre | membre | non membre | non membre |

* A partir de décembre 2019

Les cinq pays de la région sont tous membres ou participants d'organisations internationales et d'intégration, avec une politique ouverte en matière de commerce extérieur et de relations économiques.

Ces cinq pays sont également membres des Nations unies et de la CNUCED, qui organise des conférences consultatives sur les relations commerciales et économiques.

L'Organisation mondiale du commerce est la base juridique et institutionnelle du système commercial multilatéral. Elle énonce les principes de l'obligation contractuelle envers les gouvernements de déterminer comment élaborer et mettre en œuvre les lois et réglementations commerciales nationales. [22]

En Asie centrale, le Kazakhstan, le Kirghizstan et le Tadjikistan sont membres à part égale de cette organisation et entretiennent des relations commerciales ouvertes avec 164 pays. Le Turkménistan n'est pas membre de l'organisation, mais l'Ouzbékistan a un statut d'observateur et étudie la possibilité d'adhérer à l'OMC.

L'adhésion à l'OMC permet non seulement d'établir des relations commerciales avec les pays membres de l'OMC, mais exige également que le marché intérieur soit conforme aux normes internationales et aux normes de l'OMC. Certains pays répondent aux exigences des politiques agricoles, industrielles, commerciales et douanières dans un délai de 1 à 5 ans avec les exigences de l'OMC, et d'autres dans un délai de moins de 10 à 25 ans. La conformité aux exigences de l'OMC dépend de la participation du pays à la division internationale du travail, de la compétitivité interne et externe de l'économie.

La Communauté des États indépendants est une organisation globale qui combine la coopération économique, sociale et politique. Il existe deux activités d'intégration économique au sein de l'organisation. L'une d'entre elles est la zone de libre-échange de la CEI, créée en 2011. Le Kazakhstan, le Kirghizistan et le Tadjikistan sont des membres à part entière de cette intégration, tandis que l'Ouzbékistan en est membre et que le Turkménistan n'en fait pas partie.

La Communauté économique eurasienne est une intégration économique régionale établie en 2014 et qui fonctionnera à partir du 1er janvier 2018, conformément à l'union douanière. Le Kazakhstan et le Kirghizstan sont des membres à part entière de cette intégration.

Le chiffre d'affaires commercial entre l'Ouzbékistan et le Kazakhstan est le plus important des pays d'Asie centrale et s'élève à près de 2 milliards de dollars américains.

Dans l'ensemble, le commerce entre les deux pays en 2018 était de 2,5 milliards de dollars, soit 25,3 % de plus qu'en 2017, dont 1,6 milliard de dollars d'exportations, 31,6 % et 0,8 % d'importations. milliards de dollars et a augmenté de 14,8 %.

La majeure partie des exportations (38,7 %) concerne les produits animaux et végétaux, les produits alimentaires (635,4 millions de dollars en 2018, 473,9 millions de dollars en 2017). L'augmentation a été de 34,1 %.

Le deuxième plus important (30,8 %) est le métal et les produits métalliques (505,5 millions de dollars en 2018, 364,3 millions de dollars en 2017). L'augmentation a été de 38,8 %.

Les exportations ont également représenté 22,5% des produits minéraux, qui se sont élevés à 369,1 millions de dollars en 2018 (335,7 millions de dollars en 2017), soit une augmentation de 10%.

Le volume des échanges entre l'Ouzbékistan et le Kirghizistan est également de 75 millions de dollars US (2018).

Cependant, le volume des échanges entre le Kazakhstan et le Kirghizstan et le Tadjikistan dépasse également 750 millions de dollars, ce qui indique le développement des relations commerciales et économiques entre les pays d'Asie centrale.

Ces indicateurs positifs ont été la création de coentreprises en Asie centrale avec la participation des pays d'Asie centrale.

En 2017, 50 entreprises à capital ouzbek et 16 entreprises à capital tadjik opéraient au Kirghizistan, et 49 entreprises à capital kirghize en Ouzbékistan. La coopération entre les entreprises industrielles de l'Ouzbékistan et du Kirghizistan se concentre principalement dans le domaine de la production de textiles et de matériaux de construction. Plus précisément, en avril 2018, l'entreprise commune ouzbéko-kirghize Signature a été lancée à Och pour produire des fenêtres et des portes en métal. Les milieux d'affaires des deux pays prévoient d'établir une coopération industrielle dans le secteur du textile et de l'habillement, y compris la production conjointe et l'exportation de produits finis vers les marchés de pays tiers. Étant donné le statut du VSP + système universel de privilèges du Kirghizstan, il donne aux producteurs kirghizes le droit d'exporter jusqu'à 6 000 marchandises vers l'Europe à des taux zéro, tandis que la production et l'exportation conjointes de produits finis par le Kirghizstan facilitent l'accès des producteurs ouzbeks aux marchés européens.

En 2017, les investisseurs ouzbeks ont investi 5,4 millions de dollars dans l'économie tadjike. Ces investissements sont destinés au développement de l'agriculture, de la volaille et de l'horticulture. Il y a 9 entreprises à capital ouzbek au Tadjikistan, et 25 entreprises à capital tadjik en Ouzbékistan [32], qui s'occupent de l'industrie légère, de l'alimentation, des matériaux de construction, de la transformation des fruits et légumes. Six maisons de commerce ouzbèkes ont été ouvertes au Tadjikistan en 2017, et à partir de février 2018, la maison de commerce du Tadjikistan a commencé à fonctionner à Tachkent. Le Conseil des affaires ouzbéko-tadjiks a été créé pour promouvoir le développement des relations entre les entités économiques de l'Ouzbékistan et du Tadjikistan.

Au début de 2019, deux autres entreprises communes ouzbéko-tadjikes ont été créées. En particulier, à Douchanbé, Artel a fondé une entreprise commune, Artel

Avesto Electronics, dont l'activité principale est la production d'appareils électroménagers sous la marque Artel. Uzagrotechsanoatholding et Orien Invest ont créé une entreprise commune pour la production de machines agricoles au Tadjikistan, Orien Uzagro. L'entreprise produit une variété de tracteurs, y compris des équipements de chargement et de transport, des équipements spéciaux. Actuellement, la Tajik Aluminum Company (TALCO) exploite une entreprise ouzbéko-tadjike, TALCO-CRANTAS, qui est spécialisée dans la construction et l'installation en commun de véhicules utilitaires et de construction spéciaux.

La région connaît des problèmes politiques qui entravent le développement des relations économiques et commerciales, et sans elle, les pays de la région ne peuvent pas améliorer leurs relations commerciales et économiques. Y compris :

1. Problèmes non résolus des territoires enclavés en Asie centrale

L'un des problèmes centraux des pays d'Asie centrale est la transhumance des enclaves et des habitants.

L'enclave de Sarvan-Sarwak, légalement subordonnée au Tadjikistan : A l'origine, ces terres étaient des terres ouzbèkes, qui étaient louées au Tadjikistan, où vivaient des Ouzbeks. L'enclave tadjike de Soh leur a été remise par Sarvan et sera décidée de son propre chef.

Les enclaves de Soh et Vorukh abritent environ 100 000 Tadjiks vivant au Kirghizstan.

Le Tadjikistan et le Tadjikistan et le Tadjikistan peuvent procéder à un échange de population. La moitié de la province montagneuse du Badakhshan, Karagul, abrite des Kirghizes, soit le même nombre de Tadjiks que celui des Tadjiks vivant au Tadjikistan.

De cette façon, les problèmes de l'enclave entre le Kirghizistan et le Tadjikistan seront résolus.

Le 14 août 2018, il a été décidé que l'enclave de Barak au Kirghizistan serait située sur le territoire de l'Ouzbékistan et donnée au gouvernement de l'Ouzbékistan.

En retour, le Kirghizistan recevra une partie de la zone frontalière de l'Ouzbékistan. En d'autres termes, la frontière sera légèrement modifiée, mais les terres appartenant à un autre pays seront perdues à l'intérieur de l'Ouzbékistan. Cependant, la solution finale au problème des enclaves d'Asie centrale se fait attendre depuis longtemps. La présence d'enclaves est l'une des principales raisons des difficultés actuelles de démarcation de la frontière et des conflits frontaliers locaux.

Il y a quatre enclaves en Ouzbékistan : deux petites, une grande et une non catégorie - Sarvak. Les plus petites enclaves, Arnasai et Barak, appartiennent respectivement au Kazakhstan et au Kirghizstan. Le problème d'Arnassay est résolu depuis longtemps et les autorités ont annoncé que celui de Barak le serait bientôt.

La dernière, la quatrième enclave en Ouzbékistan appartient au Tadjikistan. Il s'agit du territoire de Sarvak ou Sarvan, qui a été transféré à Tachkent en 1935 par la république voisine. Le bail a ensuite été régulièrement prolongé. Le dernier bail a été prolongé jusqu'en 1990. Néanmoins, en 1991, le terrain a été donné au Tadjikistan. Il est intéressant de noter qu'une partie de la population de Sarvak est d'origine ouzbèke et que certains d'entre eux ont la citoyenneté tadjike.

Il y a quatre enclaves en Ouzbékistan, toutes situées au Kirghizstan. La plus grande d'entre elles est Soh, avec une population d'environ 74 000 habitants. Sur le plan administratif, l'enclave est le district de Soh, dans la région de Fergana.

Les relations entre les habitants de Soh et les gardes-frontières restent tendues, et des conflits ouverts surviennent parfois. La possibilité de créer un corridor spécial de Soha à l'Ouzbékistan en 2001 a été discutée, mais ces plans n'ont jamais été mis en œuvre. Cependant, en raison de la grande enclave, sa vie ne peut être éteinte. Au contraire, la population de l'enclave est en augmentation. Et cela crée un nouveau problème : les gens sont entassés dans une zone limitée.

La deuxième plus grande enclave ouzbèke au Kirghizstan est Shahimar, qui, selon diverses estimations, compte entre cinq et dix mille personnes.

Les deux autres enclaves ouzbèkes sont classées comme petites. L'enclave de Chon-Gara, le Soh du Nord, fait partie de la région de Rishtan de la région de Ferghana en Ouzbékistan.

La solution du problème des enclaves régionales joue un rôle important dans le développement du commerce transfrontalier.

2. Rivières transfrontalières

Les deux fleuves transfrontaliers d'Asie centrale - l'Amou-Daria et le Syr-Daria - ont depuis longtemps servi au développement hydrologique, social et économique des peuples de la région. C'est pourquoi une approche efficace et rationnelle, une attitude responsable et des efforts conjoints sont nécessaires dans le cadre de la coopération régionale en matière de gestion et de conservation des ressources en eau.

Selon les informations fournies par l'Ouzbékistan, l'un des principaux objectifs stratégiques est de parvenir à l'accord régional. Il existe des États en amont et en aval, et les rivières ne sont que deux - l'Amou-Daria et le Syr-Daria. En ce qui concerne l'utilisation des rivières transfrontalières, chaque État doit avoir des droits et des obligations spécifiques.

Les mécanismes internationaux de règlement des litiges et de compensation peuvent être utilisés pour résoudre les problèmes. En particulier, le Centre régional des Nations unies pour la diplomatie préventive en Asie centrale a présenté deux conventions sur le Syrdarya et l'Amou-Daria à tous les pays de la région, dont les États-Unis, la Russie, l'Union européenne et la Banque mondiale. Le projet doit également être livré à la Chine.

La familiarisation initiale avec ces conventions suggère qu'il existe des approches suffisamment raisonnables pour aborder ces questions complexes. Nous espérons que nos voisins prêteront également attention à la proposition des Nations unies et que nous pourrons entamer un dialogue constructif. [24]

3. Divergence des pays d'Asie centrale.

Le niveau de développement des pays d'Asie centrale est très variable. La raison principale en est la politique économique que les pays d'Asie centrale ont choisie au cours des premières années de leur indépendance.

Le niveau de développement des pays influence leurs relations commerciales et économiques. En particulier, au Kazakhstan et au Kirghizstan, les pays membres de l'OMC disposent d'un large éventail de biens de consommation et de prix à la consommation plus bas que les autres pays d'Asie centrale, la diversification de l'économie en Ouzbékistan et la consommation de produits nationaux par la majorité de la population. Le faible niveau de vie par rapport aux autres pays de la région réduit les possibilités de commerce régional. De tels facteurs peuvent conduire à des intérêts contradictoires dans la conduite des échanges commerciaux mutuels. En particulier, l'importation de biens de consommation du Kazakhstan et du Kirghizistan, dans l'exemple de l'Ouzbékistan, contraire aux intérêts des producteurs nationaux, etc.

4. Unité d'appartenance et interrelations dans les organisations internationales et intégration

La politique d'abolition unilatérale de l'Asie centrale s'est développée au cours des 3 ou 4 dernières années, mais il est difficile de surmonter les conséquences de 20 ans de cette courte période.

Dans les premières années de l'indépendance, les principes et les règles de politique étrangère et de coopération des pays d'Asie centrale diffèrent les uns des autres selon le principe de la "confiance en soi". C'est pourquoi le Kazakhstan et le Kirghizstan, qui ont fait bon usage du soutien économique de la Russie et de la Chine, sont membres d'organisations internationales telles que l'OMC, la Communauté économique eurasienne, et au Turkménistan, qui s'est protégé de diverses forces politiques étrangères. causant de graves problèmes dans l'activité économique étrangère. L'Ouzbékistan, qui a lancé une nouvelle tendance en matière de politique étrangère au cours des trois dernières années, envisage d'adhérer à des organisations et à une intégration telles que l'OMC et la Communauté économique eurasienne.

FEZ TRANSFRONTALIÈRE

Malgré son indépendance en 1991, la relation entre les pays d'Asie centrale n'a pas été établie. En d'autres termes, les normes commerciales régionales ne sont pas uniformes. L'établissement de territoires transfrontaliers entre les pays qui ne se sont pas encore intégrés mais qui souhaitent développer des relations commerciales est l'une des décisions clés des relations commerciales et économiques mondiales.

Il est également possible de créer de telles zones dans les zones frontalières de deux ou plusieurs pays d'Asie centrale.

Par exemple, la zone franche transfrontalière de Chirchik-Sariagash

Un facteur important dans la croissance de l'attractivité des investissements en Ouzbékistan. Compte tenu du fait que le Kazakhstan est membre de la Communauté économique eurasienne, il nous offre une grande opportunité d'obtenir des matières premières importées à bas prix et d'exporter nos produits nationaux à l'étranger.

Les zones franches transfrontalières et transfrontalières jouent un rôle important dans la formation régionale et l'intégration.

En outre, la création d'un centre logistique "de transit" en Ouzbékistan, qui créera une zone de transit et de transit, permettra un transport sûr et rapide des marchandises à travers la zone de transit, et l'établissement d'entrepôts et de magasins de gros fonctionnera dans ces zones de libre-échange. Il permet d'organiser

Étant donné que le Kazakhstan produit 1,82% du pétrole mondial, la possibilité d'augmenter les exportations de pétrole vers l'Ouzbékistan au sein de la zone franche augmentera également.

Un autre aspect important de la zone franche est le fait que les prix des biens de consommation en Ouzbékistan sont inférieurs à ceux du Kazakhstan et de la Chine, y compris les différences de prix des denrées alimentaires, ce qui suggère que les importations de denrées alimentaires (riz, œufs, viande) de l'Ouzbékistan vers le Kazakhstan sont moins chères que les produits chinois.

Il est souhaitable d'établir une de ces régions dans la région de Samarkand en Ouzbékistan et dans la région de Soghd au Tadjikistan. En d'autres termes, les districts d'Urgut et de Panjakent sont sélectionnés comme étant transfrontaliers. Le côté positif de la question est le fait que la zone franche d'Ouzbékistan "Urgut" est située dans la région et a l'expérience de la création d'une zone économique libre, ce qui est un aspect problématique du fait que ces territoires adjacents sont situés dans la zone montagneuse et que le véhicule principal est le véhicule. Si la zone franche transfrontalière Urgut-Panjakent doit être établie, il est conseillé de conclure des accords après avoir développé les infrastructures de transport et de production dans la région.

Une autre alternative importante est la création d'une UEE transfrontalière dans les zones frontalières de l'Ouzbékistan à Andijan et dans la région d'Osh en République kirghize. La région d'Andijan dispose des infrastructures de transport suivantes :

- La longueur des routes automobiles est de près de 2,5 mille km ;
- Vols au départ de la région d'Andijan vers tous les pays de la CEI ;
- Disponibilité de chemins de fer traversant la région vers Andijan-Tachkumir, Andijan-Jalalabad/Osh et d'autres zones locales.

La présence de grandes industries lourdes et légères dans la province ouzbèke d'Andijan facilite également la création d'une zone franche transfrontalière dans la région. [29]

Cependant, une zone franche transfrontalière ne peut être établie tant qu'une décision unique n'est pas prise concernant les enclaves de l'Ouzbékistan et du Kirghizistan.

L'une des zones frontalières de l'Ouzbékistan avec les pays d'Asie centrale est la région de Khorezm en Ouzbékistan et les provinces de Dashaguz au Turkménistan. Lors de la visite du président de la République d'Ouzbékistan Shavkat Mirziyoev au Turkménistan, les gouvernements des zones frontalières des deux pays, y compris la région de Khorezm et la province de Dashoguz du Turkménistan, ont convenu d'une coopération dans les domaines commercial, économique, culturel et humanitaire. En particulier, un système de participation à des foires, expositions, séminaires et conférences internationales a été prévu pour faciliter la coopération mutuellement bénéfique entre les entreprises et les organisations, la création d'entreprises communes et l'utilisation conjointe du potentiel touristique des deux régions. En outre, le Turkménistan est un pays balnéaire, et la création d'une zone franche transfrontalière au moment de l'ouverture du corridor de transport

Ouzbékistan-Turkménistan-Iran-Oman améliorera les relations commerciales et économiques entre l'Ouzbékistan et non seulement le Turkménistan, mais aussi l'Iran et le Golfe persique. Les principaux partenaires de l'Ouzbékistan, tels que la Chine et la Russie, sont également intéressés par cet accord.

Les analystes du Centre canadien d'études sur la mondialisation affirment qu'étant donné la situation géostratégique de l'Ouzbékistan et son énorme potentiel sur le marché du travail, les réformes feront de ce pays une locomotive de la région.

Les changements intervenus dans la politique étrangère de l'Ouzbékistan indiquent une approche globale pour résoudre les problèmes que le président du pays a accumulés.

Les réformes de la politique étrangère de l'Ouzbékistan sont devenues un indicateur important du renforcement de la coopération des pays d'Asie centrale. La région cherche de plus en plus à coopérer à partir de la division. À l'avenir, nous pouvons assister à des processus plus radicaux. Par conséquent, la région est unie par des valeurs, une culture, une religion et une histoire communes. À cet égard, la région a la possibilité de se présenter sur la scène internationale d'une manière nouvelle, d'améliorer son image et d'attirer davantage d'investissements étrangers. Cela servira les intérêts de tous les pays. [17]

Sur la base de cette étude, l'auteur est arrivé à la conclusion suivante :

1) Les zones économiques franches transfrontalières sont importantes pour les pays d'Asie centrale, où les relations commerciales et économiques se développent. En particulier, pour l'Ouzbékistan, qui a un accès limité à la mer, ces zones offrent les possibilités suivantes

- Zone transfrontalière établie à la frontière de l'Ouzbékistan avec les provinces de Khorezm et de Dashaguz au Turkménistan L'Ouzbékistan augmentera son accès à la mer, améliorera ses relations commerciales et économiques avec les pays du Golfe persique par le biais du corridor Ouzbékistan-Turkménistan-Iran-Oman et exportera des biens de consommation produits en Ouzbékistan vers le marché turkmène. augmentation de la capacité ;

- La création de zones franches transfrontalières dans les zones frontalières des régions d'Andijan et d'Och de la République kirghize est une option alternative pour les entreprises communes de textile et de tricot et leur infrastructure, compte tenu de l'entrée de marchandises kirghizes sur le marché européen pour plus de 6 000 articles de base est envisagée

- La création de la zone économique libre transfrontalière de Chirchik-Sariagash en Ouzbékistan et au Kazakhstan permettra le développement des relations commerciales et économiques avec la Chine et la Russie ainsi que l'utilisation efficace des quatre corridors de transport de l'Ouzbékistan.

2) Cependant, la politique économique des pays est également importante pour l'établissement de ces zones franches. Par exemple, étant donné que le Kirghizistan et le Kazakhstan sont membres de l'OMC et de la Communauté économique eurasienne, les produits de base à coût élevé de l'Ouzbékistan risquent d'être moins compétitifs et les industries alimentaires et mécaniques de ce pays sont menacées.

3) La création d'une zone économique libre transfrontalière en Asie centrale est pertinente jusqu'à ce que l'intégration économique des pays d'Asie centrale soit établie.

IMPACT DE L'ADHÉSION À L'OMC SUR LES ZONES ÉCONOMIQUES SPÉCIALES

De nombreux pays en développement créent des zones de production axées sur l'exportation, des zones industrielles spéciales ou des zones de libre-échange afin d'attirer davantage d'investissements étrangers et d'accroître le potentiel d'exportation du pays. Ils mettent en place un système d'incitations différent du reste de l'économie nationale avec des infrastructures développées, des politiques réglementaires et fiscales pour attirer les investissements étrangers, l'emploi et augmenter les exportations dans ces zones économiques spéciales.

Bien qu'aucun des accords multilatéraux parrainés par l'Organisation mondiale du commerce (OMC) ne spécifie explicitement les noms des zones spéciales, certains types d'incitations, qui font généralement partie des politiques de zones économiques, sont contraints de se conformer aux termes de l'accord de l'OMC.

L'Accord sur les subventions et les compensations fournit un résumé de l'application des exigences de l'OMC dans les programmes d'incitation appliqués par les pays en développement dans le cadre des programmes de zones économiques. Comme pour tous les cadres juridiques, les règles individuelles peuvent être interprétées différemment, et la décision finale sur la légalité d'une mesure particulière relève de l'interprétation compétente de l'OMC et de ses membres.

Dans cette note, les ZES sont définies comme des zones géographiquement séparées situées en dehors du territoire douanier du pays, généralement protégées physiquement. Leur taille peut varier d'une usine à de grandes villes. Les ZES seront gérées par les secteurs public et privé. En général, les entreprises situées sur le territoire des ZES peuvent bénéficier d'avantages tels que des avantages douaniers et fiscaux, en fonction de l'emplacement des marchandises dans cette zone. Différents pays ont utilisé des noms différents pour les zones présentant ces caractéristiques. Il s'agit de la "zone franche industrielle" et de la "zone franche d'exportation" en Irlande, de la "makiladora" au Mexique, de la "zone franche de traitement des exportations" et de la "zone franche d'exportation" en République de Corée, de la "zone franche de traitement des exportations" aux Philippines et de l'"attraction des investissements" au Sri Lanka. zone ", " zone de commerce extérieur " en Inde et " zone franche " dans les Émirats arabes unis, " zones de développement " peuvent également correspondre à la définition des ZIM. [38]

Les pays en développement utilisent de plus en plus les ZES comme un outil important pour le développement économique. Une étude récente a noté qu'il existe plus de 2 300 ZES dans 119 pays en développement et en transition dans le monde. Depuis la fin des années 1970, la Chine utilise les ZES pour mener de nouvelles politiques économiques, fournir des infrastructures modernes et attirer les investissements dans les industries orientées vers l'exportation. Selon l'ensemble des politiques commerciales 2008 de l'Organisation mondiale du commerce, en 2006, il y avait 660 zones de libre-échange et de développement et 1 346 zones de développement approuvées par les gouvernements locaux. À l'instar de la Chine, le Viêt Nam fait également un usage intensif des ZES pour mener de nouvelles politiques économiques, améliorer les infrastructures et attirer les investissements. En juillet 2005, le Vietnam comptait 124 zones industrielles et zones de traitement des exportations, impliquant 3 612 projets d'investissement d'une valeur de plus de 15 milliards de dollars.

Au moment où la République d'Ouzbékistan est en train de négocier son adhésion à l'OMC, il est important d'analyser la situation des zones économiques spéciales dans le pays et les avantages (réduction ou augmentation) pour leurs résidents après l'adhésion à l'OMC. [37]

Il est intéressant d'étudier le sujet en prenant l'exemple des avantages que les ZES offrent aux pays développés après leur adhésion à l'OMC.

Le sujet est traité dans le cadre de recherches théoriques et pratiques menées par des scientifiques de divers pays développés et en développement. En particulier, Creskoff, la recherche de Stephen décrit la base juridique permettant de mettre les activités des zones économiques spéciales des pays en développement en conformité avec les exigences de l'OMC. [38]

Les recherches de Fabrice Defever José - Daniel Reyes Alejandro Riaño Miguel Eduardo Sánchez - Martín sur l'exemple de la République dominicaine explorent la possibilité d'adapter les activités des ZSI aux exigences de l'OMC. Selon cet article, il existe une proposition et un programme pour la suppression progressive des subventions et des compensations appliquées dans les ZSI de la République dominicaine en 2006-2014. [39]

Selon Sherzod Shadikhodjaev, l'OMC ne prévoit pas de système préférentiel spécial pour les ZES, et l'adhésion à l'OMC entraînera l'abandon des possibilités et des avantages créés par les ZES pour les ZES. L'étude propose également de prévoir des avantages spéciaux pour les ZES des États membres de l'OMC. [40]

Il convient de noter que les scientifiques ouzbeks n'ont pas encore étudié les opportunités ou les pertes de l'adhésion de l'Ouzbékistan à l'OMC. L'étude de ce sujet par l'auteur est donc pertinente.

En ce qui concerne les mesures apparemment légitimes, l'accord de l'OMC sur les subventions et les mesures compensatoires exempte de la définition de "subvention" l'exonération fiscale de base prévue par les ZES, c'est-à-dire les taxes et droits sur les marchandises exportées à partir des ZES. Ainsi, les mesures suivantes liées aux ZES sont considérées comme légitimes pour l'OMC :

Exonération des produits exportés des droits d'importation ;

Exonération des produits exportés des impôts indirects ;

Exonération des droits d'importation et des impôts indirects sur l'importation de biens de consommation dans le processus de production ;

Exonération des droits d'importation et des taxes indirectes lors de l'enlèvement ou du retrait des déchets industriels ;

Exonération des droits de douane et des impôts indirects pour les marchandises stockées dans les ZES ;

les subventions non militaires, y compris les taux d'imposition appliqués par les autorités publiques nationales, régionales et locales.

Deux mesures liées aux programmes de zones franches sont incompatibles avec la discipline de l'OMC. Elles le sont :

Les subventions interdites énoncées à l'article 3 de l'Accord sur les subventions et les mesures compensatoires posent les plus grands problèmes : les subventions à l'exportation et les subventions de substitution aux importations. Les subventions à l'exportation sont des subventions qui résultent de la réalisation d'une exportation en vertu de cette loi ou dans la pratique. Les subventions à contenu local sont des subventions liées à l'utilisation de produits locaux au lieu d'importations. En particulier, les subventions gouvernementales interdites par l'OMS dans le cadre des programmes MIZ [38] :

- les subventions directement liées aux exportations ;
- les préférences en matière de transport et de fret pour l'exportation ;
- la fourniture de produits et de services locaux destinés à l'exportation à des conditions favorables avec des produits locaux ;
- les exonérations ou reports d'impôts directs ou de prestations sociales, s'ils sont liés aux exportations ;
- Autoriser des déductions fiscales spéciales directes pour les exportations en ce qui concerne les taxes payées sur les biens de consommation nationaux ;
- Exonération ou paiement d'impôts indirects sur les exportations pour les biens vendus pour la consommation intérieure ;
- le paiement, l'exonération ou le report des taxes excédentaires sur les biens vendus pour la consommation intérieure de biens ou de services utilisés dans la production de biens exportés ;
- l'octroi de crédits à l'exportation ou de programmes d'assurance à des taux de prime inappropriés pour couvrir les coûts à long terme ;
- des prêts à l'exportation à des taux inférieurs aux taux payés pour ceux-ci ou aux prix du marché, ou le paiement total ou partiel du coût d'obtention d'un prêt ;
- Subventions découlant de la consommation intérieure pour les biens importés.

Alors que la création de zones économiques franches en Chine était une tendance qui a commencé dans les années 1980, le pays a reconsidéré les privilèges et les préférences dans les activités des zones franches après son adhésion à l'OMC en 2001.

Dans les nouveaux pays industrialisés d'Asie, dont la Chine, la politique régionale est devenue un mécanisme clé du développement industriel et a permis la formation d'"enclaves industrielles" de croissance économique. Les zones franches d'exportation et de science et technologie se sont répandues en Chine.

Dans le cadre de l'OMC, divers accords internationaux visant à promouvoir une concurrence loyale dans le domaine de la réglementation du commerce extérieur sont appliqués. Parmi les principaux contrats, on peut citer

Accord agricole ;

Accord général sur le commerce des services ;

Accord sur les droits de propriété intellectuelle ;

Accord sur les subventions et les contre-mesures ;

Accord sur les obstacles techniques au commerce ;

Accord sur les mesures de contrôle sanitaire et phytosanitaire ;

accord de règlement des différends.

Selon les règles de l'OMS, l'aide intérieure est divisée en trois paniers : vert, noir et bleu. Le principe de base de la mesure du panier dépend de l'impact du commerce international.

Des mesures de soutien qui peuvent être appliquées sans restrictions au panier vert. Si ces règles ne sont pas respectées, ces mesures doivent être signalées à l'OMC. Dans ce cas, l'État membre de l'OMC doit justifier que les mesures notifiées répondent aux critères du panier vert définis dans le traité sur l'agriculture. Il existe deux critères principaux pour cette conformité :

1) le financement doit être assuré par le budget de l'État dans le cadre du programme d'État ;

2) le soutien ne doit pas être axé sur le contrôle des prix des produits agricoles.

Contrairement au panier vert, le panier noir est une mesure qui a un effet perturbateur sur le commerce de taille. Ces mesures sont limitées par des limites clairement définies, dont le nombre est inscrit dans la liste des obligations de chaque pays en termes absolus, sous la forme de mesures à soutenir, appelées mesure générale de soutien. Les États membres sont tenus de coordonner le soutien de cet État avec les membres de l'OMC, et des engagements sur le montant de l'aide qu'ils coordonnent sont inclus dans la liste des documents d'entrée. Si le montant global du soutien n'est pas inclus dans la liste, seul un soutien minimal peut être fourni dans le cadre du panier. Les mesures minimales pour le panier jaune doivent inclure une part de soutien correspondant à la valeur brute du produit fabriqué : pour les pays développés - 5 %, pour les pays en développement - 10 %.

Le support produit personnalisé est axé sur le soutien d'un produit ou d'un réseau spécifique. Le support produit non spécifique est fourni sans référence à un produit spécifique. Les mesures allouées par le troisième panier au titre de l'accord agricole visent à limiter la production.

Le principal règlement régissant les restrictions à l'exportation est l'article XI du GATT-1994 sur la suppression totale des restrictions quantitatives. L'absence d'individualisation des règles régissant l'introduction des restrictions permet aux pays de contourner un certain nombre de règles en restreignant les opérations d'exportation. Lors des négociations du cycle de l'Uruguay, il a été convenu qu'en vertu de l'accord agricole, les restrictions à l'importation de produits agricoles ne pouvaient prendre la forme que de tarifs limités. Il existe donc des incohérences juridiques dans les documents réglementaires de l'OMC en ce qui concerne la réglementation des restrictions à l'exportation et à l'importation.

Après son adhésion à l'OMC, la Chine a été contrainte de libéraliser son régime de commerce extérieur en réduisant ses tarifs et ses contrôles douaniers. Au cours des réformes du marché, le gouvernement chinois a sensiblement reconsidéré les conditions d'attraction des investissements étrangers dans les zones économiques, car il a commencé à compenser l'effet d'incitation que le budget pourrait perdre en offrant des incitations financières aux investisseurs étrangers. Il convient de noter que le programme visant à réduire les avantages de la zone économique franche chinoise a été élaboré en 1990, 11 ans avant l'adhésion du pays à l'OMC. Aujourd'hui, l'ensemble des avantages fiscaux de la zone franche ne comprend que le droit de bénéficier de taux préférentiels de l'impôt sur les sociétés. L'importance passée des zones franches chinoises pour l'économie du pays dépend des faits suivants :

Premièrement, le niveau de l'économie de marché en Chine et les particularités de la politique économique menée par le gouvernement chinois ne permettent pas l'abandon des MIX dans un avenir proche ;

Deuxièmement, des forces politiques fortes au niveau du gouvernement local et leurs lobbyistes à Pékin s'intéressent au fonctionnement des ZES existantes et à la création de nouvelles. La mise en œuvre d'une telle politique à l'égard des ZES est due à la lutte pour les ressources économiques entre les instances dirigeantes supérieures et inférieures. Ce mécanisme est basé sur les traditions de l'économie collective, qui se sont formées au fil des décennies et qui étaient génétiquement préréformes.

Le protocole sur l'adhésion de la Chine à l'OMC fixe les exigences suivantes pour les activités de la ZES :

Notification obligatoire des structures compétentes de l'OMC sur toutes les zones établies, les documents juridiques existants et les mesures de politique économique en rapport avec ces territoires ;

Le même contrôle douanier doit être appliqué à l'importation de marchandises en Chine en ce qui concerne les marchandises importées de l'étranger dans un autre territoire douanier de la RPC à travers ces zones ;

Pour que les ZES fonctionnent, tous les régimes préférentiels doivent être fondés sur les principes du traitement national et de la non-discrimination, sauf dans des cas exceptionnels.

Ainsi, le respect de l'obligation de supprimer les subventions à l'exportation des produits convenue avec l'OMC. Cependant, il n'existe pas du tout de droits à l'exportation pour promouvoir les exportations de nombreux produits dans le pays. La Chine a également utilisé activement un tel outil pour encourager les exportations sous la forme d'un remboursement de la TVA aux exportateurs. Les entreprises chinoises et étrangères axées sur l'exportation bénéficient de ces avantages. Une fois l'accord d'exportation conclu, ces entreprises ont le droit de soumettre des documents pour le remboursement de la TVA aux autorités fiscales chinoises. Cette situation a persisté jusqu'en 2007, lorsque, conformément à la décision sur les taux de remboursement de la TVA, ceux-ci ont été considérablement réduits et certains biens ont été complètement supprimés. Le gouvernement chinois a réussi à réduire les importations de produits agricoles en raison de la chute des prix intérieurs. Dans le cadre de la mise en œuvre de sa politique économique, le gouvernement chinois a réussi à protéger le marché intérieur contre les importateurs grâce à un certain nombre de mesures de protection visant à améliorer la qualité des marchandises.

Les premières zones économiques franches en République d'Ouzbékistan ont été créées en 2008. En 2020, le nombre de zones franches en activité dans le pays était de 22. Il s'agit de zones complexes, technologiques, agricoles et agricoles spéciales. Les avantages prévus au paragraphe 3 du décret du Président de la République d'Ouzbékistan du 26 octobre 2016 n° PF-4853 "Sur les mesures supplémentaires pour accélérer et étendre les activités des zones franches" sont accordés pour une période de 3 à 10 ans, y compris l'équivalent :

En investissant de 300 000 dollars US à 3 millions de dollars US - pour une période de 3 ans ;

Lorsque vous investissez de 3 à 5 millions d'USD - pour une période de 5 ans ;

Lorsque vous investissez de 5 à 10 millions d'USD - pour une période de 7 ans ;

1. Pour les investissements de 10 millions de dollars US et plus - pour une période de 10 ans, les taux de l'impôt sur le revenu et de l'impôt unique sont appliqués à un taux inférieur de 50 % aux taux actuels pour les 5 années suivantes. [41]

Conformément au paragraphe 4 du décret du Président de la République d'Ouzbékistan du 2 décembre 2008 n° PF-4059 "Sur l'établissement d'une zone économique franche dans la région de Navoi" [42], les entités commerciales enregistrées dans la zone franche sont exonérées des droits de douane (à l'exception des frais de dédouanement) pour les matières premières, les fournitures et les composants pour la production de biens destinés à l'exportation pendant la période.

Conformément au paragraphe 5 du décret du Président de la République d'Ouzbékistan "Sur les mesures supplémentaires pour activer et étendre les activités des zones franches" PF-4853 du 26 octobre 2016, les participants des ZES "Angren" et "Jizzakh" sont exonérés des droits de douane pour les matières premières, fournitures et composants importés (à l'exception des frais de dédouanement). [43]

Mais qu'est-ce qui va changer si l'Ouzbékistan devient membre de l'Organisation mondiale du commerce ?

L'impôt sur les bénéfices et les taux d'imposition uniques devront être modifiés conformément aux exigences de l'OMC ;

Les marchandises transportées à travers le territoire douanier des ZES seront soumises aux mêmes exigences que dans les autres régions, c'est-à-dire que les équipements douaniers pour les équipements importés, ainsi que les matières premières, les matériaux et les composants pour la production de marchandises destinées à l'exportation dans toute la ZFE. devront payer leurs droits de la même manière que dans les autres parties du pays.

Afin d'accroître les possibilités d'adhésion à l'OMC pour les ZES du pays, nous proposons ce qui suit :

- L'utilisation active d'un tel outil dans les zones franches du pays, sur la base de l'expérience de la Chine, pour encourager les exportations, utilise activement le système de remboursement de la TVA aux exportateurs ;

- Maintien des avantages découlant des taux d'imposition sur le revenu ou les bénéfices sur le territoire des ZES (environ 50 %) ;

- Sur la base des exigences de l'OMC, il sera nécessaire d'introduire un système spécial de soutien des produits ou des réseaux et de promouvoir cette position lors des négociations avec l'OMC. Il sera possible d'introduire un produit spécial ou un système de soutien de réseau dans les activités des ZSI. En d'autres termes, si l'exportation de produits pharmaceutiques est choisie comme un secteur ciblé et privilégié dans le cadre du processus d'adhésion à l'OMC, il sera possible de soutenir les pharmacies ;

- Compte tenu des activités des agro-zones en Ouzbékistan, il est proposé de mettre en œuvre le soutien des agro-zones du pays sur la base du programme d'État. Toutefois, il convient de noter que les possibilités offertes aux agro-zones ne doivent pas conduire à une baisse des prix et à l'utilisation de prix de dumping à l'exportation.

Il convient de noter que si l'adhésion du pays à l'OMC entraîne une réduction des avantages pour les ZES, la situation stratégique de l'Ouzbékistan, ses réserves de matières premières, ses faibles coûts de main-d'œuvre par rapport au marché mondial augmentent l'attrait des ZES et multiplient les possibilités d'exportation et d'importation d'équipements de haute technologie. Le processus est accéléré.

CONCLUSIONS ET SUGGESTIONS

Les zones franches dans certains pays étrangers, les zones économiques dites spéciales dans d'autres, sont des facteurs actifs pour attirer les investissements étrangers, le développement économique de la région et l'emploi dans des pays ayant différents niveaux de développement de l'économie mondiale. Il convient de noter que le rôle des pays dans l'économie mondiale dans le processus du commerce international est souvent étroitement lié aux activités des zones économiques spéciales opérant dans le pays. Citons par exemple la Maciladora au Mexique, la Shenzhen en Chine et la zone économique spéciale d'Incheon en République de Corée.

Les réformes de la politique étrangère de l'Ouzbékistan sont devenues un indicateur important du renforcement de la coopération entre les pays d'Asie centrale. La région est en train de passer de la fragmentation à la coopération. À l'avenir, nous pourrions assister à des processus créatifs plus radicaux. Par conséquent, la région est unie par des valeurs, une culture, une religion et une histoire communes. En ce sens, la région a la possibilité de se présenter sous une nouvelle forme sur la scène internationale, d'améliorer son image, d'attirer davantage d'investissements étrangers. Ceux-ci servent les intérêts de tous les pays (Aitov, 2018).

Sur la base de cette étude, l'auteur est arrivé aux conclusions suivantes :

- Les zones économiques franches transfrontalières sont importantes pour les pays d'Asie centrale, où les relations commerciales et économiques se développent. En particulier, pour l'Ouzbékistan, qui a un accès limité à la mer, ces zones créent les opportunités suivantes :

- L'amélioration des relations commerciales et économiques avec les pays du Golfe grâce au corridor de transport Ouzbékistan-Turkmen-Iranie-Oman et l'exportation de biens de consommation fabriqués en Ouzbékistan vers le marché turkmène augmentent les possibilités ;

- Création d'une zone franche transfrontalière dans les zones frontalières des oblasts d'Andijan et d'Och de la République kirghize Étant donné que les marchandises kirghizes entrent sur le marché européen sans droits d'importation sur plus de 6 000 articles, est ;

"L'établissement de la zone économique libre transfrontalière Chirchik-Sariagash entre l'Ouzbékistan et le Kazakhstan permettra à l'Ouzbékistan de développer des relations commerciales et économiques avec la Chine et la Russie, ainsi que l'utilisation efficace de quatre corridors de transport.

Toutefois, la politique économique des pays joue également un rôle important dans la création de ces zones franches. Par exemple, étant donné que le Kirghizistan et le Kazakhstan sont membres de l'OMC et de la Communauté économique eurasienne, la compétitivité des biens de grande valeur de l'Ouzbékistan risque de diminuer et les secteurs de l'alimentation et des machines sont menacés.

L'établissement d'une zone économique libre transfrontalière en Asie centrale est pertinent jusqu'à l'établissement de l'intégration économique en Asie centrale.

- L'utilisation active d'un tel outil dans les ZES du pays, basée sur l'expérience de la Chine, pour encourager les exportations, utilise activement le système de remboursement des ZES aux exportateurs ;

- Maintien des avantages découlant des taux d'imposition sur le revenu ou les bénéfices sur le territoire des ZES (environ 50 %) ;

- Sur la base des exigences de l'OMC, il sera nécessaire d'introduire un système spécial de soutien des produits ou des réseaux et de promouvoir cette position lors des négociations avec l'OMC. Il sera possible d'introduire un produit spécial ou un système de soutien de réseau dans les activités des ZES. En d'autres termes, si l'exportation de produits pharmaceutiques est choisie comme un secteur ciblé et privilégié dans le cadre du processus d'adhésion à l'OMC, il sera possible de soutenir les pharmacies ;

- Compte tenu des activités des agro-zones en Ouzbékistan, il est proposé de mettre en œuvre le soutien des agro-zones du pays sur la base du programme d'État.

Toutefois, il convient de noter que les possibilités offertes aux agro-zones ne doivent pas conduire à une baisse des prix et à l'utilisation de prix de dumping à l'exportation.

Il convient de noter que si l'adhésion du pays à l'OMC entraîne une réduction des avantages pour les ZES, la situation stratégique de l'Ouzbékistan, ses réserves de matières premières, ses faibles coûts de main-d'œuvre par rapport au marché mondial augmentent l'attrait des ZES et multiplient les possibilités d'exportation et d'importation d'équipements de haute technologie. Le processus est accéléré.

RÉFÉRENCES

1. Décret du Président de la République d'Ouzbékistan PF-4853 "Sur les mesures supplémentaires pour activer et étendre les activités des zones franches" 26 octobre 2016.
2. Décret du Président de la République d'Ouzbékistan n° PF-5719 "Sur les mesures visant à faire de la région de Navoi une zone économique libre pour les industries innovantes, de haute technologie, orientées vers l'exportation et les industries de substitution à l'importation". 15.05.2019
3. Nararuk Boonyanam. Zones économiques agricoles en Thaïlande, Politique d'utilisation des terres, 2018, ISSN 0264-8377, (http://www.sciencedirect.com/science/article/pii/S0264837716305889)
4. Sergey Sosnovskikh. Les grappes industrielles en Russie : Le développement de zones économiques spéciales et de parcs industriels. Russian Journal of Economics, volume 3, numéro 2, 2017, pages 174-199. https://doi.org/10.1016/j.ruje.2017.06.004.
(http://www.sciencedirect.com/science/article/pii/S2405473917300259)
5. Karimqulov J.I. Tendances dans l'établissement et le développement des zones franches en Ouzbékistan. Revue scientifique électronique "International Finance and Accounting". № 3 juin 2019. www.interfinance.uz
6. Loi de la République d'Ouzbékistan "Sur les zones économiques spéciales" du 17.02.2020 n° ZRU-604

7. Décret du Président de la République d'Ouzbékistan "Sur les mesures visant à établir une zone économique libre" Nukus ". PF-5809-fils 04.09.2019

8. Décret du Président de la République d'Ouzbékistan "Sur l'établissement d'une zone économique libre" Namangan ". PF-5517-fils 20.08.2018

9. Nemat Kholmatov. The role of clustering in accelerating the process of industrialization in the European Union. http://www.biznes-daily.uz/ru/birjaexpert/67934-The importance of clustering in the European Union in accelerating the process of industrialization

10. Pogrebnyak E. Yu. Évolution et caractéristiques des ZES (OEZ) et des TOR en Russie et dans le monde. Gestion des systèmes économiques : revue scientifique électronique. https://cyberleninka.ru/article/n/evolyutsiya-i-osobennosti-sez-oez-i-tor-v-rossii-i-mire

11. Vyyavleny problemy v svobodnyx ekonomicheskix i malyx promыshlennyx zonax http://uza.uz/ru/society/vyyavleny-problemy-v-svobodnykh-ekonomicheskikh-i-malykh-pro-22-06-2019

12. Karimova Z.H., Xidirov A.I. Les zones franches sont un facteur important du développement économique. Revue scientifique électronique "International Finance and Accounting". - № 4. - Août 2017 y.

13. Jiyanova N.E., Tadjibekova D.B. Développement de zones franches - solution des problèmes sociaux dans les régions de la République d'Ouzbékistan. Revue scientifique électronique "International Finance and Accounting". - № 5. - Octobre 2017 y.

14. Loi de la République d'Ouzbékistan "Sur les zones franches" www.lex.uz.

15. Zones franches mondiales de l'année 2018 - Gagnants. www.fDiIntelligence.com Octobre / novembre - 2018.

16. Site officiel de la Qishloqqurilishbank. kiosk.qishloqqurilishbank.uz

17. AITOV, Marat. (2018) Un critère important pour renforcer la coopération en Asie centrale. http://www.isrs.uz/en/ analytics- reviews / market-asia-concenter-consideration-condition

18. Albert, Eleanor. (2019). L'Organisation de coopération de Shanghai : Un véhicule de coopération ou de compétition ? 21 juin 2019 // https://thediplomat.com/2019/06/the-shanghai-cooperation-organization-a-vehicle-for-cooperation-or-competition/

19. Aniq.uz (2019). La Chine reste le principal partenaire commercial de l'Ouzbékistan // https://aniq.uz/news//China-Uzbekistan- basic- trade- partnership- bulib-

20. Centon, Willa. (2018). Union économique eurasienne (EAEU) // 29 mai 2018 // https://www.investopedia.com/terms/e/eurasian-economic-union-eeu.asp

21. COMMONWEALTH OF INDEPENDENT STATES (CIS) // https://www.nti.org/learn/treaties-and-regimes/commonwealth-independent-states-cis/

22. DR. GEORGE, MIROGIANIS. Entrée dans l'Organisation mondiale du commerce. http://www.uzbearingpoint.com/files/1/a1.pdf

23. Liu Junxia (2019). Investissements dans le secteur de l'énergie en Asie centrale : Corruption Risk and Policy Implications // Energy Policy, Volume 133, 2019, 110912, ISSN 0301-4215, https://doi.org/10.1016/j.enpol.2019.110912. (http://www.sciencedirect.com/science/article/pii/S0301421519304902)

24. Kamilov, Abdulaziz. (2017). Il n'y a pas d'alternative à la coopération régionale en matière d'utilisation de l'eau. https://www.gazeta.uz/en/2017/04/17/suv/

25. Les régions de Khorezm et de Dashoguz accordent une attention particulière au développement du tourisme. https://daryo.uz/k/2017/03/12/xorazm-va-dashoguz- regions- to develop tourism- on-site

26. Adhésion à la CNUCED et au Conseil du commerce et du développement // https://unctad.org/en/Pages/About%20UNCTAD/UNCTADs-A'zoship.aspx

27. Institut du Mékong. (2008). Étude et enquête conjointes sur les zones économiques spéciales (ZES) et les zones économiques transfrontalières (ZEF) pour faire correspondre les ZES complémentaires et identifier les zones prioritaires http :

//www.mekonginstitute.org/uploads/tx_ffpublication/Joint_Study_and_Survey_of_Special_Econom

28. Sultanova, G.K. (2019). DEVELOPPEMENT DE LA COOPERATION INDUSTRIELLE DANS LES PAYS D'ASIE CENTRALE. http://tadqiqot.uz/ Economie- Innovation- Journal-2019-4 /

29. Umurzakov, B., Vohidova, M. (2017). La nécessité de créer une intégration économique en Asie centrale. Journal of Legal Studies. No. 6, 2017. pp. 54-69. dossier : /// C : / Utilisateurs / Utilisateur / Téléchargements / transgranichnye-svobodnye-ekonomicheskie-zony-v-zarubezhnyh-stranah-na-primere-kitaya% 20 (4) .pdf

30. Uuriintuya Batsaikhan, Marek Dabrowski (2017). Central Asia - Twenty-five Years After the USSR Breakup // Russian Journal of Economics, Volume 3, Issue 3, 2017, Pages 296-320, ISSN 2405-4739, https://doi.org/10.1016/j.ruje.2017.09.095. (http://www.sciencedirect.com/science/article/pii/S2405473917300429)

31. ONU (2019). 2019 Rapport du Secrétaire général sur les travaux de l'Organisation //https://acuns.org/2019-report-of-the-secretary-general-on-the-work-of-the-organization/

32. Vokhidova, M. et autres. (2019). Possibilités de création de zones franches transfrontalières en Asie centrale // Religion // Vol 4 No 16 (2019) http://revista.religacion.com/index.php/about/article/view/472

33. Xuping Ma, Jun Wang, Xiaolei Sun (2018). Une étude sur la dynamique du réseau de volatilité des taux de change : Evidence from Central Asia // Procedia Computer Science, Volume 139, 2018, Pages 76-81, ISSN 1877-0509, https://doi.org/10.1016/j.procs. 2018.10.220. (http://www.sciencedirect.com/science/article/pii/S1877050918318891)

34. Banque mondiale (2019) https://data.worldbank.org/indicator/NY.GDP.MKTP.KD?locations=UZ-KZ-KG-TJ-TM

35. Membres et observateurs de l'OMC // https://www.wto.org/english/thewto_e/whatis_e/tif_e/org6_e.htm

36. https://cdn.yenicag.ru/files/uploads/2018/10/Batkenskij-oblast-768x274.jpg

37. Résolution du Cabinet des ministres n° 339 du 28.05.2020 "Sur l'approbation du règlement de la Commission interdépartementale pour le travail avec l'Organisation mondiale du commerce". https://lex.uz/docs/4831763

38. Creskoff, Stephen ; Walkenhorst, Peter. 2009. Atteindre la conformité à l'OMC pour les zones économiques spéciales dans les pays en développement (anglais). Notes du PREM ; n° 134. Commerce. Washington, D.C. : Groupe de la Banque mondiale. http://documents.worldbank.org/curated/en/155141468337481040/Achieving-WTO-compliance-for-special-economic-zones-in-developing-countries

39. Fabrice Defever, José - Daniel Reyes, Alejandro Riaño Miguel, Eduardo Sánchez - Martín. Zones économiques spéciales et conformité à l'OMC : Preuves de la République dominicaine. Economica, Vol.86, numéro 343. https://doi.org/10.1111/ecca.12276

40. Shadikhodjaev, Sherzod, ZES sous le contrôle de l'OMC : Définir la portée des questions commerciales (1er mai 2019). Chapitre de livre dans Julien Chaisse et Jiaxiang Hu (eds), 'International Economic Law and the Challenges of the Free Zones', Alphen aan den Rijn (Pays-Bas) : Kluwer Law International, 2019, chapitre 11, p. 213-231. Disponible sur le site du SSRN : https://ssrn.com/abstract=3380893

41. RÈGLEMENT "Sur la procédure d'application des avantages en matière de taxes et de droits de douane sur le territoire des zones économiques franches". ANNEXE 3 à la résolution du Cabinet des ministres n° 196 du 10 avril 2017

42. Décret du Président de la République d'Ouzbékistan n° PF-4059 du 2 décembre 2008 sur l'établissement d'une zone économique franche dans la région de Navoi. www.lex.uz

43. Décret du Président de la République d'Ouzbékistan n° PF-4853 du 26 octobre 2016 "Sur les mesures supplémentaires pour activer et étendre les activités des zones franches". www.lex.uz

I want morebooks!

Buy your books fast and straightforward online - at one of world's fastest growing online book stores! Environmentally sound due to Print-on-Demand technologies.

Buy your books online at
www.morebooks.shop

Achetez vos livres en ligne, vite et bien, sur l'une des librairies en ligne les plus performantes au monde!
En protégeant nos ressources et notre environnement grâce à l'impression à la demande.

La librairie en ligne pour acheter plus vite
www.morebooks.shop

KS OmniScriptum Publishing
Brivibas gatve 197
LV-1039 Riga, Latvia
Telefax: +371 686 204 55

info@omniscriptum.com
www.omniscriptum.com

Made in the USA
Monee, IL
26 January 2023

26378778R00046